トゥッリオ・デ・マウロの民主的言語教育

イタリアにおける複言語主義の萌芽

西島順子
NISHIJIMA Yoriko

くろしお出版

まえがき

　本書は、2021 年に京都大学人間・環境学研究科に提出した博士論文
「1970 年代のイタリアにおける民主的言語教育に関する史的研究―言語学者
トゥッリオ・デ・マウロが構想した plurilinguismo とその教育―」を加筆修
正し、デ・マウロのバイオグラフィーおよび「10 のテーゼ」の日本語訳を
追加したものである。

　筆者が CEFR や複言語・複文化主義という言葉を始めて耳にしたのは、
イタリアで日本語を教えていた 2005 年頃であった。国際交流基金がその動
向をとらえ、日本語教育への応用に向けて議論が高まり始めていたが、当
時、筆者はその噂を一教師として聞いた程度で、まさか自身がそれに傾倒し
研究を行うとは想像もしていなかった。

　しかし帰国後も、日本において次第に存在感を増してゆく CEFR につい
て、たびたび目にし、耳にすることとなった。日本語教育に限らず、外国語
教育においてこれほど CEFR が着目されたのは、言語教育に携わる者であ
れば、だれもが日々経験する感覚的なものが、そこに言語化されていたから
ではないか。複言語・複文化主義や共通参照レベル、能力記述文、ポート
フォリオ、自律学習など、そこに記された教育思想や教育的ツールはいずれ
も、言語教師にとって合点がゆくものだった。

　筆者もそう感じた一人であった。日本語教育に携わるなかで「言語を学ぶ
ことは我々に何をもたらすのか」と考えるようになり、その答えが複言語主
義にあるような気がしたのだ。自身が学校教育で英語を学び、その後イタリ
ア語を学んだこと、また日々接する留学生が第 2、第 3 外国語として日本語
を学ぶこと。これらは各々の人生、あるいはその社会に何をもたらすのか。
言語を学ぶ根源的な意義を知りたいと考えたのである。

　その探求心から恩師となる西山教行先生の研究室を訪ね、本書の冒頭でも
紹介するコスタンツォの論文に出会ったことが、本研究の始まりとなった。

研究を始めてからは、イタリア固有の plurilinguismo の解明に没頭し、民主的言語教育の提言者トゥッリオ・デ・マウロの教育思想に魅了された。研究中、デ・マウロの言説には何度も心を震わされた。

　執筆を終え、本書では筆者が抱いた疑問への解答、つまり「言語を学ぶことは我々に何をもたらすのか」という問いへの答えを少なからず示せたのではないかと考える。実のところ、デ・マウロが名付けた「民主的言語教育」という言葉にその答えは集約されていると感じている。本書によってデ・マウロの教育思想や業績を日本の読者に届けられることを心から嬉しく思うと同時に、読者が言語教育の意義を共に感じ、考えてくださることを心から願っている。

　最後に、本書の刊行にあたって、ご指導やご支援をいただいたすべての方々にこの場を借りて感謝の意を述べたい。日本およびイタリアの数多くの研究者や民主的言語教育を知る教員の協力なくして、本書の完成はなかった。

　なかでも指導教員である西山先生には多大なるご支援をいただいた。複言語主義の歴史的解明の必要性を力強く後押しし、丁寧にまた忍耐強くご指導していただいた。また、GISCEL の研究者の方々、およびデ・マウロの妻であり研究者でもある Silvana Ferreri 氏には「10 のテーゼ」の本書への日本語訳掲載をご快諾いただいた。そして、くろしお出版の編集者である池上達昭氏には出版にあたって、多くのご助言をいただき、丁寧にご指導いただいた。本書に関わってくださった皆様に心から感謝申し上げる。

　本書は「令和 5 年度 京都大学：人と社会の未来研究院若手出版助成」を得て出版された。京都大学のご支援にも深く感謝する。

2023 年 12 月
西島　順子

目　次

序論

民主的言語教育の研究意義

1. 問題の所在

1.1 1970年代のイタリアにおける言語教育

　本書は、1970年代のイタリアで提唱された民主的言語教育が包摂する複言語主義の概念と起源、そしてその教育実践を解明し、言語教育の歴史的文脈における民主的言語教育の意義を明らかにする。

　現在、言語教育において一般的に理解されている複言語主義とは、欧州評議会が推進する言語教育の理念である。欧州評議会は人権や民主主義、法の支配などの分野で価値観を共有するため1949年に設立された。その政策の一つに言語教育も含まれており、2001年に、ヨーロッパ統合の動きから、域内における就学・就労による人的移動を容易にするための外国語教育の共通参照枠となる *Common European Framework of Reference for Languages*（以下 CEFR）が発行された。この CEFR が提起する言語教育の理念は複言語・複文化主義と呼ばれている。

　複言語主義 plurilinguisme/plurilingualism とは、文化的文脈において個人の言語経験が、家庭の言語から社会全体の言語や他民族の言語へと拡張していくなかで、これらを分離した状態にとどめておくのではなく、言語に関するあらゆる知識や経験を相互に関連、作用させ、コミュニケーション能

力を構築していくことを重視し、その複層的な能力を承認することを指す
(Council of Europe, 2001: 4)。この理念の下、欧州評議会の言語政策は複言
語主義、言語的多様性、相互理解、民主的市民性、社会的結束性をキーワー
ドとして展開している (Council of Europe, 2007)。近年、世界各地で自民族
を中心とする排外主義が広まりつつあり、ヨーロッパも分断に向かっている
ように見えるが、欧州評議会の言語教育政策はこの理念にもとづき統合への
アプローチを進めている。

　この複言語主義は造語ではなく、1956 年にフランスの社会言語学者コー
エンがスイスを「多言語国家」と形容するために使用したことに始まる。そ
の後、教育的観点からはほとんど認知されてこなかったが、1990 年代後半
から欧州評議会の言語政策において議論され、1997 年にコストとムーア、
ザラトの研究チームが複言語主義に関する研究を発表し、その概念が CEFR
に取り入れられた (Coste *et al.*, 1997; 西山, 2010: 23)。しかし、それとは政
治的に異なる文脈において、またそれ以前の 1970 年代のイタリアで、複言
語主義に類似する educazione linguistica democratica（以下、「民主的言語教
育」と訳す）と称する言語教育改革が進められていた。

　この民主的言語教育と欧州評議会の複言語主義との類似性に着目したの
が、2003 年に欧州評議会より出版された *Language education (educazione
linguistica) in Italy: An Experience that could Benefit Europe?* である。それによ
り、両者の比較が検討されることとなった。

　この著書の筆者コスタンツォは、1996 年のガッリによる報告[1]を参照し、言
語への目覚め linguistic awareness[2]とイタリアの言語教育 educazione linguistica

---

1　コスタンツォは Galli de' Paratesi N., 1996, "Language and culture awareness in language
learaning/teaching（L2 and L1）for the development of learner autonomy（age 11–18）" in
Language Learning for European Citizenship, text prepared for the new-style workshop, 13b,
"Educazione linguistica" and language awareness: the interplay of L1 and L2 in the development
of language awareness", Strasbourg, p. 17 を引用している。しかし、それに該当する文献は
確認できない。ただし、*Language Learning for European Citizenship* (Trim (ed.), 1997) の言
語への目覚めに関するワークショップの報告（pp. 17–28, p. 95）ではガッリの行ったワーク
ショップ "Language and culture awareness in language learaning/teaching（L2 and L1）for the
development of learner autonomy（age 11–18）" の報告書が確認できる (p. 25)。
2　イギリスにおける言語意識運動にルーツを持つ。さまざまな言語の観察を通して、言語

のガッリの解釈に疑義を呈する。ガッリはイタリアの言語教育がアングロサ
クソンの世界から影響を受けたと論じたが、コスタンツォはこれに対し、イタ
リアの 1970 年代の言語教育、つまり民主的言語教育は、そもそも 1975 年に
Dieci tesi（以下「10 のテーゼ」と訳す）と題して発表された宣言が起源である
と解説する（Costanzo, 2003: 8–9）。また、その教育がラテン語教育の教授法
からの脱却を目指していたことや、口語や多様で複雑な言語スキルに注目し、
個人の社会文化能力に根ざした言語技術の育成を狙っていたこと、また少数
言語や多様な方言を承認していたことを解説し、CFER との類似性を指摘す
る。しかし一方で、10 のテーゼには理論や実践の議論はあるものの、教授法
に関しては、CEFR の登場を待たねばならなかったとも指摘している[3]。コスタ
ンツォはこのような解釈をもとに、この民主的言語教育がイタリア特有のも
のであったこと、また、それこそが多言語・多文化アプローチ[4]の先駆であり、
イタリアという限定された地域からヨーロッパ全体で実践し得る言語教育で
あると主張する（Ibid.: 10）。

　このコスタンツォの論文がきっかけとなり、イタリアでは 1970 年代に民
主的言語教育の下で、言語への気づき language awareness に類似する教育が
実施されていたこと（Candelier (ed.), 2004: 27–28）や、言語教師が学習者に
自身の言語や多様な言語レパートリーへの認識を高める教育が試みられて
いたこと（Byram, 2008: 105）が認知され、再評価されている。しかし、民主
的言語教育はその存在や有用性が認められているものの、なぜそれが 1970
年代のイタリアで創出され、どのように展開し、いかなる言語教育が行われ
ていたかといった歴史的検証は未だ十分には行われていない。また、欧州評
議会の複言語主義や言語への目覚めと類似するこの言語教育が、なぜ時代や
地域、政治的背景が異なるイタリアで萌芽したのかも明らかにされていない。
そこで、民主的言語教育の起源や理念、その展開を解明することは、複言語

に対する洞察力や異なる言語に対する肯定的な態度を育成するもので、現在では複言語主
義にもとづく教育として位置づけられている（大山, 2016）。

3　ただし、民主的言語教育を理念とする教授法は提唱されており、それは第 4 章で取り扱う。

4　原文は multi-lingual and multi-cultural approach である。コンスタンツォは Plur- と multi-
の用語の使用に揺れが見られる。

主義の形成を把握し、その意義を理解するうえで、極めて重要な意味を持つ。

1.2　民主的言語教育とは

　民主的言語教育とは、言語学者トゥッリオ・デ・マウロ（Tullio De Mauro, 1932–2017）が中心となって構想した言語教育思想であり、それは 10 のテーゼ[5] と呼ばれる宣言にまとめられている。

　この 10 のテーゼは 10 章で構成されており、その内容は次のとおりである（GISCEL, 1977）。

Ⅰ．口語を中心とすること
Ⅱ．生物学的、感情的、知的、社会的生活に根ざす口語
Ⅲ．言語能力の多様性と複雑さ
Ⅳ．憲法における言語権
Ⅴ．これまでの言語教育の特徴
Ⅵ．これまでの言語教育の非効率性
Ⅶ．従来の言語教育の限界
Ⅷ．民主的言語教育の原則
Ⅸ．教師に向けた新しいカリキュラムのために
Ⅹ．結論

　民主的言語教育について述べられているⅧに、次の十項目がその教育の原則としてあげられている。第一に、口頭能力を成熟させるために、その能力を社会に適応させ、精神的活動を促し、豊かな表現力を促進させること。第二に、言語能力の発達や運用は、社会的生活や知的生活のなかで行われること。第三に、言語能力の起点は、生徒の個々の環境下における言語文化とし、そこから言語資源を豊かにすること。第四に、同一社会を構成している構成員の言語資源に気づき、それらの言語を特徴づける空間的、時間的、地

5　付録参照のこと。10 のテーゼの改訂版は、現在も GISCEL のホームページにて閲覧が可能である。https://giscel.it/dieci-tesi-per-leducazione-linguistica-democratica/（2023 年 8 月 8 日閲覧）ただし、本論で論じる 10 のテーゼは 1975 年に発表された版にもとづく。

理的、社会的、歴史的な多様性をより深く理解する必要があること。第五
に、言語能力は産出能力だけではなく受容能力も重要であり、受容能力が記
述言語や幅広い語彙および文章を理解する能力に関係すること。第六に、産
出能力と受容能力のなかで、口頭能力や書記能力を育成すること。第七に、
地域で使用される身近でインフォーマルな言語からより一般的でフォーマル
な言語へ移行しながら、口頭と書記での受容能力と産出能力を発達させる必
要があること。第八に、そのうえで、科学的根拠にもとづき発展してきた、
特別な言語使用やある領域の共通言語（法律や文学、詩など）を学ぶこと。
第九に、就学期の最初から生徒が所有している言語で自己認識や自己表明、
自己分析できる能力を開発し、中等教育ではイタリアに存在するさまざまな
個別言語を学ぶこと。第十に、ある事柄を表現するのに唯一の形式があるの
ではないと理解したうえで、既知の表現や未知の表現に対し、感覚を磨く必
要があることをあげている。このようにⅧには、生徒が所有する口語を重視
しながらも、より高次の言語能力の獲得を目指すことが示されている。ま
た、言語の多様性への気づきを重視している。

　この民主的言語教育の提言につながる言語教育改革の動きは1967年にお
けるイタリア言語学会（Società di Linguistica Italiana、以下 SLI）の設立に始
まった。SLI は言語教育に焦点を当て、その再評価を行うことや、言語研究
に真摯に向き合う学会を成立させること、そして、言語学や言語史、語源
学、語彙論、意味論など言語に関わる領域で学術的交流を図ることを目的
として設立された（Lo Duca, 2013: 41–42）。デ・マウロの呼びかけにより、
SLI において 1973 年に新たな分科会、言語教育研究協力グループ（Gruppo
di Intervento e Sutudio nel Campo dell'Educazione Linguistica, 以下 GISCEL）
が創設され、そこでは学術的知見を持つ言語学者と学校教育に携わる教
育者との間に、具体的で継続的な関係を築くことが目指された（Ferreri &
Guerriero, 1998: 20）。GISCEL は教育のための言語学研究の刷新やイタリ
ア語文法の整備を提案し、また、調査や実践を行い、より理論的で先駆的
な研究結果を議論していた。そのなかで、デ・マウロが作成した草案を推
敲し、言語計画 "Dieci Tesi per l'educazione linguistica democratica"「民主的
言語教育のための 10 のテーゼ」を作成した（Lo Duca, 2006: 51–52）。そし

て 1975 年の春、10 のテーゼは進歩的・民主的教師協会 (Centro Iniziativa Democratica Insegnanti, 以下 CIDI) [6] のローマ大会においてイタリア全土から集結した教師たちの前で、デ・マウロ自身によって発表された (Ferreri & Guerriero, 1998: 20; Lo Duca, 2006: 41–42)。

　民主的言語教育の提言によって言語教育の重要性や妥当性が認識され、1977 年に中等教育に関する法律[7]が改定された際、第 2 条に「より適切なイタリア語教育—ラテン語の起源や歴史の変化に触れながら—、および外国語教育を通して、言語教育を強化すること」という言語教育に関わる文言が加筆された。その後、それは 1979 年の中等教育課程[8]、また 1985 年の初等教育課程[9]に影響を与え、従来の言語教育の見直しや新たな教授法の開発、また学校教育の自治を促進させることとなった (De Mauro, 1983a: 95; Costanzo, 2003: 12; Lo Duca, 2013: 59)。つまり、この民主的言語教育の宣言はイタリアの言語教育課程や言語教育政策をも変革させる原動力となったのである。

2.　問題提起

2.1　先行研究からの提起

　民主的言語教育はイタリアの言語教育研究において論じられてこなかったわけではない。これまでの民主的言語教育に関わる先行研究を分類すると、大きく二つに分けられる。

　まず、イタリアにおける民主的言語教育と欧州評議会の CEFR との類似性を指摘する Costanzo (2003) や Tempesta (2008) の研究、次に民主的言語教育やその提唱者デ・マウロの重要性を指摘する Mengaldo (1994) や Gensini (2005)、Balboni (2009)、Lo Duca (2013) の研究がある。

　なお本書では、CEFR が提唱する plurilinguisme / plurilingualism を複言

6　1972 年に設立された協会。学校のニーズや教育の実践からその改善に応えられる教師の専門性を支援する目的を持つ。

7　Legge 16 giugno 1977, n.348

8　D.M. 9 febbraio 1979

9　D.P.R. 12 febbraio 1985, n.104

語主義と訳し、イタリアにおいてこれまで論じられてきた plurilinguismo
については CEFR の複言語主義と区別するためにイタリア語のまま用い
る。また、複言語主義に類似する用語として多言語主義 multilinguisme/
multilingualism がある。pluri も multi も「多数」を意味し、研究者間でもそ
の使用に混同が見られるが、本書では CEFR の解釈に従い、多言語主義は
複数の言語知識や、ある社会における異なる言語の共存（Council of Europe,
2001: 4）を意味することとし、個人の複層的な言語能力を承認する複言語主
義と区別する[10]。

　Costanzo（2003）は、民主的言語教育が欧州評議会の CEFR 以前の多言語・
多文化アプローチの先駆であったと主張する（Costanzo, 2003: 10）と同時に、
次の点で類似性があると分析している。まず、言語能力向上に対する考え方
である。さまざまな訓練を経て言語スキルを身につけることや、言語の機能
的使用を学ぶことは CEFR と共有できる利点である。次に、言語に対する
理念である。10 のテーゼには国家による言語権の尊重や表現の自由の尊重、
言語的少数派の権利の尊重、小国の言語の尊重といった発想が包摂されてお
り、そこに欧州評議会の訴える複言語主義との類似性を見出している（*Ibid.*:
17–18）。コスタンツォは 70 年代のイタリアにおいて多様な少数言語や方言
の承認が進められていたことを解明し、当時の教育が現在の欧州評議会の複
言語・複文化主義と類似性を持っていたことを指摘する。それゆえ民主的言
語教育はその教育の先駆けとなり、ヨーロッパ全体に応用できると主張する
ものの、この論文は 10 のテーゼの概説と解釈に留まっている。

　Tempesta（2008）は 2000 年代の言語教育改革の成果を論ずるにあたり、
その源泉は民主的言語教育にあり、その教育概念は現在にも通用すると主
張する（Tempesta, 2008: 63–65）。またイタリアの言語教育が 2001 年以降、
CEFR の提言を言語教育に取り入れていることを認めたうえで、GISCEL

10　CEFR の登場まで複言語主義と多言語主義は同義としてとらえられており、多言語共存
状態としての社会と個人を区別していなかった（西山 2010: 23）。なお類似する用語にバイ
リンガリズム bilinguisme/ bilingualism がある。Coste 他（1997）は、バイリンガリズムは二
項対立の言語（母語・外国語／起点言語・目標言語）や完璧な二言語話者を想起させると解
説している。

の学術誌の 1985 年から 2006 年までに取り上げたテーマを検証すると、そ
こに論じられている技能別能力や言語や文法に対する考え方、また評価法
などの内容が、CEFR の内容と重なっていると分析する (*Ibid.*: 74)。この
ようにテンペスタは現在のイタリアの言語教育は民主的言語教育を引き継
ぐものであり、加えて CEFR との共通性があることを読み取っている。ま
た、テンペスタの論文で着目したいのはデ・マウロの 2007 年のインタ
ビューの引用である。テンペスタは、デ・マウロが「10 のテーゼは諸手を
挙げて plurilinguismo を迎え入れた。今日それを顧みれば、単一言語の危
機という状況に対し、何とか克服しようとした、時代に先駆けた文書のよ
うに読み取れる」と当時の言語教育を振り返り、現在のイタリアにも「両
親の母語を知らない子供たち、あるいは新たな言語や異なる言語の習得手
段を持たない子供たちがいる」と論じ[11]、10 のテーゼを現代の文脈に置き
換え、移民の子供たちに配慮した言語教育が重要であると提案したと解説
している (*Ibid.*: 67–68)。この言説から 10 のテーゼには複言語主義とも訳
せる plurilinguismo が包摂され、デ・マウロが 70 年代にその概念を活用
して言語教育に取り組んでいたことがわかる。しかしながらテンペスタは
plurilinguismo に特段の関心を示していない。

　Mengaldo (1994) は学校教育や言語変種などを中心とする 1900 年代のイ
タリア語に関わる研究のなかで 10 のテーゼについても論じている。10 の
テーゼは抽象的であったため実施が容易ではなかったことや、実現には個々
の教師だけでは不可能であり、学校を根底から変革する必要があったと指摘
し、非現実的な言語教育であったと批判する。しかしながら、言語教育の概
念を社会に知らしめ、言語能力の開発を目指した点では注目に値すると論じ
ている (Mengaldo, 1994: 250–251)。メンガルドは 10 のテーゼが実践的教育
としては現実性に欠けると批評しながらも、イタリアの学校教育におけるそ
の存在意義を認めている。

　Gensini (2005) はイタリア王国統一から現在までの言語教育の歴史を振

11　10 のテーゼの発表から 30 年後に発表した論文 "Le Dieci tesi nel loro contesto storico:
linguistica, pedagogia e politica tra gli anni Sessanta e Settanta" (De Mauro, 2007: 53, 66) からの
引用である。

り返る研究において、言語教育と言語政策の成果が実り始めた時期が 1960
年代であると評価し、デ・マウロが先駆者となり、言語科学が言語教育に
応用されるようになったと分析する。デ・マウロの活動は 1975 年の 10 の
テーゼの発表へと至るもので、それは近年のイタリアにおいて言語教育の議
論が最も高まった時期であったと評する。10 のテーゼは言語教育の認識を
刷新し、それに伴い多くの教育研究が行われるようになった。この動きと
連動し、改正された 1979 年の中等教育課程、また 1985 年の初等教育課程
が、イタリアの複雑な歴史と言語状況、すなわち方言に限らないあらゆる
言語変種、また少数言語が存在する状況に適したものであったと解説する
（Gensini, 2005: 46–49）。ジェンシィーニは、デ・マウロと 10 のテーゼの重
要性を指摘し、言語教育に複数言語への配慮があったことは認めているもの
の、plurilinguismo ついては取り立てて着目していない。

　Balboni（2009）はイタリアの教育に関わるカザーティ法[12] からジェルミー
ニ改革[13] までの 150 年間を振り返るなかで、1960–70 年代を言語教育の改
革期ととらえ、民主的言語教育のための 10 のテーゼはイタリア語教育の原
理を統合する宣言であると評する。またその提唱者デ・マウロをイタリア
語教育のなかでコペルニクス的改革を実現した「演出家」であると形容す
る。そのデ・マウロが 1960 年代から 1980 年代にかけて論じた主なテーマ
には、従来の教授法に固執することへの不信感や、単一言語の教育によって
顧みられない複数の言語や文化に対する配慮、個人が持つ複数の言語資源の
権利を重視する姿勢などがあると分析する。バルボーニはこのような考え
を持つデ・マウロがラッファエレ・シモーネ（Raffaele Simone, 1944–）[14] とと
もに、10 のテーゼの普及に貢献したと評価したうえで、その概要を解説し、
また創出から 1979 年に中等教育課程に反映されるまでの過程を論じている

12　Legge 13 novembre 1859, n. 3725. イタリア王国統一期に制定された初の教育法である。
詳細は第 1 章で取り扱う。

13　Legge 6 agosto 2008, n. 133. に始まる大規模な公教育改革を指す。

14　イタリアの言語学者。特に言語哲学、また言語哲学史を専門とする。*Libro d'italiano*
（1973）や *Modelli per la grammatica scolastica*（1974）を出版するなどし、新たな学校文法の
整備に力を注いだ。

（Balboni, 2009: 92–96）。この論文で、バルボーニは教育改革となった民主的言語教育とデ・マウロの重要性を指摘し、その形成の動向と影響を詳述しているが、plurilinguismo との関連性には注目していない。

Lo Duca（2013）は母語教育、また外国語教育としてのイタリア語教育の歴史を総括し、振り返るなかで、1960–70 年代の教育者と言語学者の動向に着目し、その貢献が 10 のテーゼ、つまり民主的言語教育の創出と言語教育改革へと結実していったことを明らかにしている。ロ・ドゥーカは 10 のテーゼと plurilinguismo の関係を論じる数少ない論者であり、10 のテーゼにはデ・マウロの plurilinguismo の概念が包摂されていると指摘する。その 10 のテーゼ宣言によって、異なる方言や文化、社会に属する者が被る不利益に対し、学校が変革に取り組むよう求められるようになり、1979 年の中等教育課程の改正時に、授業活動のなかで方言が配慮されるようになったと分析している（Lo Duca, 2013: 61–81）。ロ・ドゥーカはイタリアの言語教育史において民主的言語教育がインパクトを与え、その背景にはデ・マウロの plurilinguismo が存在し、それが 10 のテーゼのⅦとⅧに示されていると指摘する。しかしながら、その plurilinguismo の実態の十分な解明に至っていない。

これら論者は、研究のテーマは異なるものの、いずれも 1975 年に発表された 10 のテーゼ、つまり民主的言語教育に着目し、考察を行っている。そこから次の三点が明らかになる。第一に、賛否両論があるものの、イタリアの言語教育史において 1975 年の民主的言語教育の提唱は重要な転換点と認識されていることである。イタリアの言語教育の変遷を論じるうえで、法律や教育政策をも変革したこの教育に関する提言は看過できない。第二に、民主的言語教育には plurilinguismo という概念が反映されており、それは学校教育において少数言語や方言などの多様な言語の承認に結び付いていたことである。そこに欧州評議会の唱導する複言語主義との類似性を見出す論者もいる。第三に、言語学者デ・マウロがこの民主的言語教育の創出を牽引し、plurilinguismo という概念を持っていたことである。実際のところ 10 のテーゼには plurilinguismo の用語が使用されていないが、複数の論者はデ・マウロの plurilinguismo と 10 のテーゼの関連性を指摘している。

これらの先行研究は民主的言語教育の重要性を表すと同時に、民主的言語

教育がイタリアの言語教育においてのみならず、言語教育史や言語政策の視点から見ても、独創的であったことを示唆している。しかしながら、これまでの研究は言語教育の内容や時系列に沿って事実を列挙するに留まっており、言語教育史の検証に耐え得るような実証的研究はまだ行われていない。

2.2　研究の課題

　以上にあげた先行研究の検討を踏まえると、次の疑問が生じる。

　第一に、CEFR によって複言語主義が提唱される 20 年以上も前に、なぜイタリアにおいて複言語主義に類似する言語教育が創出されたのか。民主的言語教育の提言はイタリアの言語教育史においても重要な転換期であったわけだが、なぜ当時、そのような変革を必要としたのだろうか。第二に、なぜ、民主的言語教育の構想者であるデ・マウロが、1970 年代に早くもplurilinguismo という概念を持っていたのか。デ・マウロの plurilinguismo はどこから着想を得たものか、欧州評議会の複言語主義と起源を共通とするのだろうか。第三に、10 のテーゼは民主的言語教育の理念を唱導するものであって、教授内容を示す文書ではなく、民主的言語教育の具体的な教授法はこれまでのところ不明である。もし、10 のテーゼにもとづく教授法が存在するのであれば、そこに複言語主義の概念は包摂されていたであろうか。

　民主的言語教育と欧州評議会の複言語主義との類似性は指摘されているにもかかわらず、このようにその創出の背景や概念、展開は未だ明らかにされていない。現在、言語教育界で複言語主義をめぐる議論が進められているが、その形成を把握し、意義を解明するためにも、これまでにイタリアで複言語主義に類似する言語教育が存在したことは看過できない事実であり、その解明は極めて重要である。

　これらのことから本研究は、次の三つを研究課題とする。まず、1970 年代のイタリアにおいて plurilinguismo の概念を持つ民主的言語教育が形成された要因を明らかにする。次に、民主的言語教育の plurilinguismo の起源や概念を解明し、複言語主義との関係を明らかにする。最後に、民主的言語教育の教育実践を解明する。これらの課題の検討により、民主的言語教育と複言語主義の関係性だけではなく、言語教育史における民主的言語教育の意義

を考察したい。

3.　研究手法と本書の構成

　本研究では 1960 年代から 1980 年代までのデ・マウロの言説、また上記三つの研究課題に関わる文献の調査を通して民主的言語教育の分析と考察を行う。言語教育の萌芽と展開を膨大な文献から明らかにすることは容易ではない。そこで筆者が着目したのは、キーワードとなる plurilinguismo と創出者デ・マウロの言説である。この用語の使用とデ・マウロの言説を中心とし、民主的言語教育がどのような歴史的変遷を辿ってきたのか、またそれが言語教育史の文脈でいかなる意義を持つのか、その解明を試みる。

　本書は序論、本論、ならびに結論で構成されている。

　第 1 章「近現代イタリアにおける言語状況と言語政策の展開」は、1970 年代のイタリアで複言語主義に類似する概念を持つ民主的言語教育が構築された要因を解明する。主にイタリア王国統一から 1970 年代までの言語状況と言語政策の歴史的変遷を、文献や統計資料から明らかにする。それらの資料を根拠とし、イタリアの個別言語や言語変種の多様性を論じたうえで、その言語状況に対応してきた言語政策や言語教育政策の問題を指摘し、民主的言語教育創出の背景にある 1970 年代の言語状況を明らかにする。

　第 2 章「イタリアにおける plurilinguismo の歴史的変遷」は、民主的言語教育の plurilinguismo と欧州評議会の複言語主義との関係を解明するために、1960 年代以降にイタリアの文学界や言語学界で使用され始めた plurilinguismo を、それらの言説を通じて調査する。イタリアにおける plurilinguismo の萌芽とその形成過程を明らかにし、複言語主義との関係を検討する。

　第 3 章「トゥッリオ・デ・マウロの構想した plurilinguismo」は、デ・マウロが 1960 年代から 1970 年代の論考で論じた plurilinguismo に関する言説を分析、分類し、概念を明確にする。そしてその概念が、いかに言語教育へと展開されたかを考察する。この第 2 章および第 3 章から、民主的言語教育が包摂する plurilinguismo の全容を明らかにする。

　第 4 章「民主的言語教育における複言語教育の実践」では、plurilinguismo
の理念を包摂する民主的言語教育の教育実践を解明するために、1970 年代
から 1980 年代にデ・マウロが執筆した言語教育に関する著書を分析する。
そこで検討された教師養成や教授法、評価指標から plurilinguismo の特徴を
見出し、デ・マウロが民主的言語教育の名称のもとに目指した言語教育の目
的を明らかにする。

　結論は、本書の研究課題をまとめ、民主的言語教育の言語教育史における
歴史的意義と、現在の言語教育にも通底する普遍的な価値を解明する。

第1章

近現代イタリアにおける言語状況と言語政策の展開

　本章は、1970 年代のイタリアで言語教育改革を目指し提唱された、民主的言語教育の背景にある当時の言語状況を、言語政策や言語教育政策の変遷、また言語に関わる統計資料や言説から明らかにすることを目的とする。

　なぜ 1970 年代のイタリアで、複言語主義の先駆けともいえる多様な言語変種を容認する民主的言語教育が創出されたのであろうか。デ・マウロが言語教育に傾倒した背景には、イタリアの言語文化に携わる者として、イタリアに存在する言語格差とそれに連動した社会格差の状況を示す必要があったと後に自ら振り返っている (Ferreri & Guerriero, 1998: 17)[1]。デ・マウロは *Storia linguistica dell'Italia unita*『統一イタリアの言語史』(1963) にイタリアの言語的多様性を詳述し、その後もたびたび論考などにおいて、個別言語[2]

1　10 のテーゼの発表から 20 年目に行われたインタビューでデ・マウロは、1957 年に司祭ロレンツォ・ミラーニ (Lorenzo Milani, 1923–1967) が出版した *Esperienze pastorali*『羊飼いたちの経験』と 1967 年にバルビアナ学校の生徒の手により出版された *Lettera a una professoressa*『イタリアの学校変革論—落第生から女教師への手紙』に方言話者である民衆が過酷に虐げられている現実が描かれていることをあげ、その状況はイタリア語を知る特権保持者が支配者となり、イタリア語を知らぬ 97.5%（統一当時の割合）の者は被支配者となった状況であると指摘している。

2　個別言語とは、ある共同体で話される具体的な言語形式（規則や構造など）を持つ個々の言語を指す。

ほどの違いを持つ方言や多数の少数言語の存在、また、それに起因する教育
の不平等を、識字率や義務教育の就学率の低迷から分析した。ただし、これ
らデ・マウロの言説は断片的であり、当時の言語状況の総体を把握すること
は困難である。加えて、民主的言語教育が提唱される 1970 年代までの言語政
策を見る限り、なぜ言語統一が果たされなかったか、その理由も不明である。

　本章ではまずイタリアの言語的特徴を解説し、国家統一以降行われてきた
言語政策や言語教育政策を分析する。そのうえで 1970 年までの言語に関わ
る統計資料やデ・マウロの言説を検証し、民主的言語教育の創出に至った当
時の言語状況を明らかにする。

1.　イタリアにおける個別言語と言語変種の多様性

　現在、イタリア共和国の共通語はイタリア語である。しかし、それは本
来、トスカーナ地方のフィレンツェ語[3]であり、一地方語にすぎなかった。
そのフィレンツェ語が、1861 年のイタリア王国統一の際、文学言語として
の優位を誇っており、また教養ある階層に共有されていたことから、教育言
語として定められ、共通語として認識されていった。しかしながら、当時、
イタリアにはフィレンツェ語以外に、少数言語や現在では方言と呼びならわ
されている多様な地方語が存在していた。それらの地方語とは、4 世紀以降
のローマ帝国の衰退とともに求心力を失ったラテン語から変化した言語変種
であり、これらの言語変種は長きにわたって小国に分断されていたイタリア
半島で、それぞれ個別言語ともいえるまでに、異なる音韻や語彙、統語を作
り上げていた。

　統一以前の 1700 年代におけるイタリアの言語状況を見ると、北部はアル
プス地方から南部はレッジョ・カラブリアまで特徴的な言語が存在してお
り、中部のトスカーナを除き、地方や都市、また社会階層にかかわらず、さ
まざまな言語変種が使用されていた。1800 年代前半でもその状況が大きく

3　トスカーナ語 il toscano, la lingua toscana と称されることもある。デ・マウロはフィレン
ツェ語 il fiorentino と認識し、形容しているため (De Mauro, 1963: 82)、本書ではフィレン
ツェ語で統一する。

変わることはなかった。詩人ウーゴ・フォスコロ (Ugo Foscolo, 1778–1827) は当時のイタリアの状況について、「他のヨーロッパ諸国では教養ある者が方言 i dialetti を捨て、国家語 la lingua nazionale を選ぶのに対し、イタリアにおいては共通のことば un linguaggio comune を使用する者は周辺地域を巡行する商人や旅人に限られており、誰もが方言を話す自治都市から一歩出れば、理解されることもなく、文学に見せかけた言語は愚弄された」(Foscolo, 1939: 187) と指摘している。また、北部や南部では方言以外の言語に触れる環境はなく、大衆がイタリア語[4]、つまりフィレンツェ語を耳にする機会は、教会での説教やカテキズムにおいてのみであった。しかし、上層階級では共通語としてのイタリア語を学ばせる必要性を感じていたことから、そのための措置も存在した。例えば、北部ピエモンテの良家ではイタリア語を聞くために市場へ足を運ぶことや、子息をトスカーナ地方のシエナの学校へ送り、学ばせるなどの方略があった。しかし、それは一部の階層に限られており、統一以前、共通語としてのイタリア語は民衆には必要なかったのである。その状況に変化を与えたのが 1861 年のイタリア王国統一である。行政の中央集権化により公務員や軍人、人的移動に伴う移住者や商人の間でイタリア語の普及が進むことになる。とはいえ、それはローマなどの大都市に限られていた (Migliorini, 2016: 452–455, 533–534, 605–606)。

　この統一期の言語状況に関して、デ・マウロは、イタリア語話者は 60 万人程度、つまり人口の 2.5%であったと推定する[5] (De Mauro, 1963: 40–41)。一方、言語学者カステッラーニはデ・マウロのこの分析を再検証し、その割合は 8.77%程度であったと結論付けている (Castellani, 1982: 24)。いずれに

4　フォスコロは 1800 年代前半の著書でイタリア半島の共通語をイタリア語 lingua italiana と形容している。また、引用した Migliorini (2016) も同様である。よってここではその表記に従う。

5　デ・マウロは 1862–63 年に学校教育を受けていた者は 11～18 歳のわずか 0.8%、または 0.9%であったことから、フィレンツェとローマ（言語として類似するため理解できると見なす）以外の地域でイタリア語を理解できる者は人口の 0.8%の 16 万人と推定した。そしてイタリア語を理解できる地域のトスカーナとローマ地域の人口 47 万人を加えた 63 万人がイタリア語話者であったと推定する。それはイタリアの総人口 2500 万人に対して 2.5%という割合であった。

せよ多く見積もったとしても当時のイタリア語話者は人口の一割にも満たなかったことになる。

　さらにデ・マウロは、イタリア語話者以外の国民は「異言語話者」であったと主張する。その根拠として、作家エドモンド・デ・アミーチス（Edmondo De Amicis, 1846–1908）が 1905 年に出版した随筆 *L'idioma gentile*『洗練された言語』をあげる。そのなかで、1861 年の時点で外交官がイタリア南部訪問時にイタリア語を話しているにもかかわらず、英語であると誤解されたこと、また、北部ピエモンテやロンバルディアでは教師たちが生徒を前にイタリア語を話しても意思疎通ができないことなど、当時の言語状況が示されている（De Mauro, 1963: 41–42）。このデ・アミーチスの描写から、地方語がいかに異なっていたか想像できる。また、イタリア統一から 10 年後の、1871 年の国勢調査による非識字率は 69%[6] であったが、デ・マウロは当時の言語状況をそこからも推測する。69% という数値は平均値であり、南部では 84.1%、中部で 74.7%、北部で 54.2% であることを指摘する。南部と中部の非識字率の高さ、また、北部との格差は明らかであるが、デ・マウロによればこの数値は単なる非識字率を示すわけではない。当時のイタリアにおいて文字に関して無知であることは、イタリア語を知らない方言話者であることを意味していた（*Ibid.*: 53）。

　このような状況から、イタリアが国家統一をなした 1860 年代は、それぞれの個別言語を持つ小国家が共通言語のないまま統合されたといっても過言ではない。そして、それら言語間にはコミュニケーションの障壁となるほどの違いがあったのである。

　次に少数言語の状況を検討する。イタリアの少数言語は地理的・歴史的な影響を受けた結果、各地に数多く点在しており、その由来は非常に多様である。

　まず、他国との国境に隣接する地域にさまざまな少数言語が分布する。オーストリアとの国境付近に存在するアルト・アディジェはドイツ語圏、フランスとの国境付近にはフランコプロヴァンス語圏やプロヴァンス語（オク

6　ISTAT Italia in cifre 2011: https://www.istat.it/it/files/2011/03/Italia-in-cifre.pdf（2023 年 8 月 8 日閲覧）

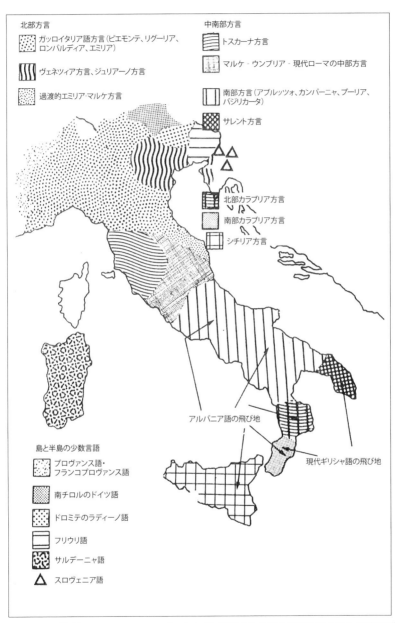

北部方言

ガッロイタリア語方言（ピエモンテ、リグーリア、
ロンバルディア、エミリア）

ヴェネツィア方言、ジュリアーノ方言

過渡的エミリア-マルケ方言

中南部方言

トスカーナ方言

マルケ - ウンブリア - 現代ローマの中部方言

南部方言（アブルッツォ、カンパーニャ、プーリア、
バジリカータ）

サレント方言

北部カラブリア方言

南部カラブリア方言

シチリア方言

アルバニア語の飛び地

現代ギリシャ語の飛び地

島と半島の少数言語

プロヴァンス語・
フランコプロヴァンス語

南チロルのドイツ語

ドロミテのラディーノ語

フリウリ語

サルデーニャ語

スロヴェニア語

（資料 1　De Mauro & Lodi, 1979: 23, 現代イタリアの方言と話される少数言語）

シタン語）圏、スロヴェニアに隣接するトリエステ県やゴリツィア県などには
スロヴェニア語地域が存在する。また、閉鎖された地域で独自に形成され
た言語として、サルデーニャ島のログドーロなどの言語であるサルデーニャ
語、ボルツァーノ県とウーディネ県のレトロマンス語から派生したラディー
ノ語やフリウリ語がある。加えて、過去の移住によって根付いた言語とし
て、1353 年にスペイン、カタルーニャのアラゴン王国がサルデーニャ島に
勢力を拡大した際に持ち込んだカタルーニャ語、15 世紀から 16 世紀にかけ
てオスマントルコの侵略から逃れてきたアルバニア人が持ち込んだ、バジリ
カータ州やカラブリア州などに点在するアルバニア語、カラブリア州やプー
リア州のレッチェに存在する現代ギリシャ語がある。そして、移動民族であ
るロマが持つロマニ語も存在する（De Mauro & Lodi, 1979: 41–55）。
　このような状況は近隣のヨーロッパ諸国にも広く見られる現象であるが、
これに関してデ・マウロは他の近隣諸国との比較を試みている。スペインで
は、バスク語やカタルーニャ語、ガリシア語といった個別言語があるもの
の、広く話されている言語はスペイン語であり、スペイン語内の地域差は非
常に少ない。フランスでは、わずかな方言の他にバスク語、オクシタン語、
ブルターニュ語、アルザス地方のドイツ語[7]、またコルシカ島のコルシカ語な
どの個別言語があるものの、共通語としてのフランス語が存在し、あらゆる
ところで同じ話し方をしていると指摘する。ドイツ語はドイツ以外の複数の
国でも使用されているため、その違いが強調されるとはいえ、実際のところ
その差異は音声面にすぎず、スイスのドイツ語圏を除き、ドイツ語の変種は
そこまで大きくはないと分析する。近隣諸国においてもさまざまな言語変種
や個別言語は認められるが、イタリアのように明らかに異なる方言が存在
する状況とは比較にならないとし、イタリアにおける言語変種の特殊性を、
デ・マウロは主張する（*Ibid.*: 9–10）。つまり、国家統一期のイタリアは他の
ヨーロッパ諸国と異なる言語状況に置かれていたのである。

7　アルザスで話されている言語はドイツ語の一種でアルザス語とも呼ばれるが、デ・マウ
ロはドイツ語に分類している。

2.　言語政策と言語教育政策

　イタリアは 1861 年に統一を果たし、共通語となる国家語を必要とした。しかし、統一時のイタリア王国憲法にも、その後の第二次世界大戦後のイタリア共和国憲法にも共通語に関わる文言はなかった。1999 年の法律 Legge 15 dicembre 1999, n. 482 に、「共和国の共通語はイタリア語である」と記されるまで、法が公用語を規定することはなかったのである。では、いかにしてイタリア語（フィレンツェ語）が共通言語として認識され、人々に普及したのか、本節では統一から 1970 年代までのイタリアの言語政策と言語教育政策を明らかにする。

2.1　イタリア王国統一期（1861 年～）

　イタリア王国憲法には公用語に関する条文は存在しない。しかし、言語に関する言及がなかったわけではない。この憲法は統一の中心となるピエモンテとサルデーニャ島を支配していたサルデーニャ王国によって、1848 年に制定されたアルベルト憲章を踏襲している。アルベルト憲章 62 条には「議会における公式言語はイタリア語とする。しかし、フランス語圏出身の議員に関しては、フランス語の使用を任意とし、その返答も同様とする」と記され、基本的に議会ではイタリア語を使用することが定められる一方で、フランス語の使用も認められた。その背景にはサヴォイア家がフランス語話者であり、当時のエリートたちはイタリア語だけでなくフランス語も用いていたことから、フランス語話者の議員に対する配慮があった。しかし、国家統一と同時に、通りや広場の名前をイタリア語へ変更し、行政ではイタリア語を用いる[8]など、国民の身近な環境にイタリア語を導入し始めた（De Mauro, 1963: 298; Pizzoli, 2018: 68–69）。

　そのようななか、言語統一へ向けた役割の一端を担ったのが教育法であった。まず、統一に先駆けて 1859 年にイタリアの教育法となるカザーティ法[9]

---

[8]　R.D. 7 giugno 1866, n. 278.

[9]　Legge 13 novembre 1859, n 3725. イタリア王国初の教育法。統一期前の 1859 年にサルデーニャ王国において成立し、1861 年のイタリア王国統一時に実施された。

が制定され、イタリア語が教育言語と定められた。その教育システムでは4年間（6～9歳）の初等教育のうち、2年間（6～7歳）が義務化、また無償化され、そこでイタリア語による教育も開始された。この法案の作成者、公教育大臣ガブリオ・カザーティ（Gabrio Casati, 1798–1873）はイタリアの言語について、方言が複数存在していることを認識しつつも、国民としてのアイデンティティーの中核に国家語が必要であると考えていた。そのため、カザーティ法は方言に言及しておらず、イタリア語のみによる教育政策を取ることになる。旧サルデーニャ王国の統治下にあったピエモンテではイタリア語だけではなくフランス語による教育が認められたという例外を除いて、カザーティ法は国内で一様に導入された。しかし、カザーティ法による言語教育政策は円滑に進んだわけではなかった。その事情は1864年から1865年にかけて実施された「イタリアにおける公教育の調査（マテウッチ調査）」が明らかにしている。当時の教師たちは現在の非常勤教師に相当するものであり、小学校卒業資格しか所有しない者が多数雇われており、イタリア語に精通した教師が十分に確保できていなかった。例えばナポリでは年配の教師たちが方言を使用していることや、ミラノでは教師がイタリア語に対して無知である状況が報告されている。また、少数言語地域であるイタリア半島南部のアルバニア語地域、モリーゼのクロアチア語地域、サルデーニャ島のカタルーニャ語地域、カラブリアやプーリアのギリシャ語地域、またフランコプロヴァンス語地域においては、カザーティ法が効力を持っていなかった（Balboni, 2009: 5–8, 13, 35; Pizzoli, 2018: 141）。

　統一から数年を経ても、幼児教育や初等教育の計画について十分な討議は進まず、難航していた。そこで1868年に当時の公教育大臣は、文学者のアレッサンドロ・マンゾーニ（Alessandro Manzoni, 1785–1873）を教育省の委員長として迎え、「正確な言語や発音の認識をより一般的に全国民に与えるための対策と方法」の遂行を求めた。マンゾーニは、フランスにおける言語政策をモデルとし、国家統一には文化と言語の統合が必要であるという信念のもとで政策を進める（Pizzoli, 2018: 142）。フィレンツェ語（トスカーナ方言に由来する「生きたフィレンツェ方言」）を唯一の言語として言語統一を図り、学校教育を通して「方言という雑草」の根絶と、共通語として

のフィレンツェ語使用の義務を一層強化した（De Mauro, 1963: 82）。当時、言語学者のグラツィアディオ・イザイア・アスコリ[10]（Graziadio Isaia Ascoli, 1829–1907）や文学史家のフランチェスコ・デ・サンクティス（Francesco De Sanctis, 1817–1883）、文芸評論家のフランチェスコ・ドヴィディオ（Francesco D'Ovidio, 1849–1925）などの知識人は、マンゾーニと明らかに対立する言語教育論を展開し、方言の追放に反対し、方言を国の豊かさとして残すべきであるという考えを表明していた[11]。しかし、マンゾーニは単一言語化を強行し、言語モデルの導入と市民言語の形成は初等教育段階で行うべきという信念を持って言語教育政策を推進する。それはそもそもカザーティ法の明記する初等教育での言語の指針に則ったものでもあった（Pizzoli, 2018: 143–144）。

　その後、1877 年に新たな教育法として、コッピーノ法[12]が成立し、小学校は 5 年制となり、そのうちの義務教育は 2 年間から 3 年間に延長された。従わない者には罰則が科せられ、義務教育が強化された。またこの法律において、これまでの方言の存在を無視した教育から、「方言と国家語の類似性と相違」を際立たせる教育への方向転換が行われ、方言由来の誤りは修正するよう求められることとなる。生徒たちは学校教育に組み込まれたその日からイタリア語での発言を要求され、方言の使用は発音から正書法にいたるまで厳格に指導されるようになり、その撲滅が目指された。その後、左派への政権交代もあり、方言擁護派のデ・サンクティスが三度目の公教育大臣に就任した際、1880 年に職業学校における方言を利用したイタリア語習得の計画や方言辞書の編纂を推進し、方言を言語教育の課題とし、教師に対して国家語とともに方言にも対応するよう求めた時期もあった。しかしそれは一年半という短期間に終わり、言語教育は元の方針に戻ることとなる。その後

10　アスコリは、イタリアは言語的に断片化しており、トスカーナ方言を統一言語と定めることは現実的ではないと訴え、マンゾーニと明確に対立していた（Ascoli, 1873）。

11　これはイタリアで 16 世紀から続く言語問題 questione della lingua に関連する言語論争を継承するものであった。言語問題に関しては糟谷（1985: 19–35）に詳しい。

12　Legge 15 luglio 1877, n.3961. 1866 年に発布されたコッピーノ・プログラムが法律に昇格した。

も 1888 年と 1905 年に発表された教育計画[13] によって、言語の構造分析や文法規則の重視へと傾倒してゆく。言語教育の中心的使命は方言との闘いとなり、教師は方言由来の誤りを検閲し、正しい言語の例を提示し続けることとなる（Balboni, 2009: 18, 31; Pizzoli, 2018: 145–146）。

　統一当初は、方言や少数言語は決して否定的にとらえられていたわけではなかった。とはいえ、カザーティ法には方言に関する言及がなく、規範的な文法を教えることが指示されていた。当時の教育現場は方言の存在に対して無知であり、正確な形態のイタリア語を導入する際、方言は否定的に評され、欠点として認識されていった。当時の知識人の間には方言を擁護する声も一部に存在したものの、統一初期の教育政策は求心的で地方に対する柔軟性はなかった。文学に基礎を置く単一言語を重視し、口語より文語、運用より分析に焦点を当て、方言の撲滅が義務となっていった（Balboni, 2009: 10–19）。

　しかし、データを見る限り、当時のこのような単一言語教育は広く国民に行き届いていたわけではない。歴史学者ターラモは、イタリア統一当初に関して、義務教育を受けるべき者のうち、1861 年は少なくとも約半数が、また 1871 年においても 40％が未就学であったことを指摘する[14]（Talamo, 1960: 60）。また、政府委員会の報告によると、1951 年の国勢調査は 75 歳以上の者、つまり 1876 年以前に生まれた者の 42.3％が非識字者であることを示している（Medici, 1959: 146–147）。しかし、デ・マウロはそれらさえも楽観的な見方であると考える。その国勢調査を再検討し、識字者であっても小学校卒業資格のない者が 20.3％いることから、1876 年以前に生まれた約 62％が義務教育を終えていなかったことを指摘する（De Mauro, 1963: 83）。つまり、19 世紀後期においても、義務化されたはずの学校教育は十分機能しておらず、教育を通じたイタリア語の普及は進んでいなかったのである。

　イタリアにおいて、近代国家としての言語の統一は学校教育を中心に進められるはずであった。カザーティ法やコッピーノ法に始まる教育制度の整備

13　R.D. 25 settembre.1888 n. 5724（ガベッリ・プログラム）; R.D. 29 gennaio.1905 n. 45（オレスタノ・プログラム）.

14　データは *Sommario di statistiche storiche italiane 1861–1955*,（ISTAT, 1958）p. 76 を参照。

と義務教育の導入、および強化、またマンゾーニを中心とする単一言語教育
政策などを推進したにもかかわらず、その教育政策は行き渡らなかったた
め、十分な成果が得られていなかった。複数の個別言語や大きく異なる言語
変種の集合体であるイタリアで、教育政策を通しての単一言語化は多大な困
難を伴ったのである。

2.2　第一次世界大戦からファシズム政権期（1900 年代〜）

　1900 年代になると、イタリアのナショナリズムは亢進し、これまでにも
まして純化主義的な言語政策が続いた。1905 年には、ガルダ湖周辺の観光
地ではドイツ語に由来する商標に課税措置を取る法律が施行され、イタリア
語への名称統一に指導が及ぶなど、言語の自由を制限する法律が徐々に実行
される[15]。また第一次世界大戦後の 1919 年には、オーストリアとの講和条約
により、ドイツ語話者が居住する南チロル地方とトレンティーノ、またスロ
ヴェニア語やクロアチア語話者をも含むイストリア地域がイタリアへと回収
される。それらの地域の少数言語話者は抑圧や同化に屈しない態度を示して
いたが、1920 年には、統合によりイタリア語への単一言語化が強制される
ことになる。その後、1922 年のファシズム政権発足後、イタリアで承認さ
れる言語はイタリア語のみであるという意図のもと、少数民族の民族性を
奪う方針が採られた[16]。また学校や映画、ラジオ放送でも言語統一のプロパ
ガンダのもと、少数言語だけではなく、方言や外来語も規制されていった
（Pizzoli, 2018: 69–71, 73, 232）。

　教育に関わる勅令として効力を持ったのは、1923 年に発表されたジェン
ティーレ改革[17]である。哲学者であり教育学者でもあったジョヴァンニ・
ジェンティーレ（Giovanni Gentile, 1875–1944）の教育思想は、民衆の共通
意識を喚起し、その品格を希求した。芸術や哲学、経済、道徳といった行

15　L.19 dicembre 1905, n.31; R.D. 9 agosto 1910, n. 795.

16　ファシズム政権下では、フランス語が承認されていたヴァッレ・ダオスタにおいても
規制がなされた。敗戦後、1945 年に教育や行政において言語の併用が公認されるまでその
規制は続いた。

17　R.D. 6 maggio 1923, n. 1054.

動に重きを置き、それらの文化体系を根本的な統一へと発展させるもので
あった（文部省教育調査部，1940: 18）。それはムッソリーニの期待する政策
でもあった。ジェンティーレ改革に関連して公布された言語に関する勅令[18]
では、「第 4 条：領土内のすべての小学校において、国家語〔イタリア語〕
が教授される。異なる言語が習慣となっている地方自治体においては、こ
れ〔異なる言語〕は追加時間での科目となる」（〔　〕は筆者補筆）と記され、
1923/24 年の学年度から開始された。少数言語地域においても「第 17 条：
教育はイタリア語で行われる（中略）、教育課程において、公立小学校のす
べての学年、またすべてのクラスで、イタリア語による教育を行う。教授言
語をイタリア語に差し替えることで、第二言語〔イタリア語以外の言語、つ
まり少数言語〕教育は追加された時間にのみ行う」（〔　〕は筆者補筆）と補足
された（Pizzoli, 2018: 233）。これら条文は、双方とも地域や言語状況を問わ
ず、学校でのイタリア語教育の義務を強化するものであった。
　一方で当時、言語教育に関する新たな教育思想の萌芽も見られた。1913 年
に教育学者のジュゼッペ・ロンバルド・ラディーチェ（Giuseppe Lombardo
Radice, 1879–1938）は *Lezioni di didattica e ricordi di esperienza Magistrale*『教
授法講義と教師経験の回想録』を出版し、その著書によって「言語教育」と
いう概念を初めて紹介し、インパクトを与えた。方言は根絶すべき有害なも
のであるという否定的見解が一般的ななか、ロンバルド・ラディーチェは方
言に肯定的であり、学校に入ったばかりの生徒がすぐにイタリア語に切り替
えられるものではないという考えで、方言を受け入れつつ、できる限り早くイ
タリア語に切り替えるべきであるという見解を示した。この「方言から言語
へ dal dialetto alla lingua」というロンバルド・ラディーチェの教育思想は、方
言からイタリア語へ向かう訓練を通して言語を教授することを重視したもの
であった。ロンバルド・ラディーチェはジェンティーレ改革の構想に加わり、
1922〜24 年に教育省において初等・中等教育計画の起草に携わる。しかし、
ファシズムの統制が強化されるなかで、「方言の雑草」は正しい言語習得の障
害となり、悪習慣であるとの政府の方針のもと、「方言から言語へ」という斬

18　R.D. 1 ottobre 1923, n. 2185.

新な言語教育、そして方言を考慮する視点は教育計画から完全に消滅することとなる（Klein, 1986: 53; Balboni, 2009: 36–37, 49–51; Pizzoli, 2018: 146）。

　第一次世界大戦から第二次世界大戦終焉までの期間は、言語政策に厳格な規制が布かれた時代であった。イタリアの言語教育はナショナリズムへと傾倒し、特にファシズム政権の国粋主義の下では、少数言語話者にとって容赦ないイタリア語化が進められた。しかし、ファシズム政権により地方での言語管理が成功したかといえばそうではない。民衆階級や農民の支持を獲得するために郷土主義 strapaese を掲げる政権にとって、地方からの支持は不可欠であり、そのため、言語政策には限界があったからである（Pizzoli, 2018: 71）。当時の言語政策の限界は、以下に論じる戦後の教育状況や言語状況からも推察できる。

2.3　第二次世界大戦後（1945 年～）

　第二次世界大戦後、イタリアは王政を廃止し、共和制国家となる。そして、1948 年には民主主義にもとづくイタリア共和国憲法が発布される。その憲法の主に第 3、6、21 条は言語に言及している。まず、第 3 条は基本的人権を保障するものである。

> すべての市民は、対等な社会的尊厳を有し、性別、人種、言語、宗教、政治的意見、身体的および社会的条件による区別なく、法律の前に平等である。
> 市民の自由および平等を事実上制限することにより、人格の完全な発展および国の政治的、経済的および社会的組織へのすべての労働者の実効的な参加を妨げている経済的および社会的な種類の障害を除去することは、共和国の責務である[19]。

　この第 3 条の第 1 文は、いかなる言語であっても、その権利が担保されていることを示している。言語の種類に関する明言はないが、外国語話者や少

19　憲法第 3 条、第 6 条、第 21 条は髙橋利安（訳）（2018）「イタリア共和国」『世界の憲法集（第五版）』より引用。

数言語話者はもちろん、方言話者などの市民に対する平等な法的資格と、社会的尊重が含意されている。次に、第6条にも言語への言及が認められる。

　　共和国は、特別の規範によって言語的少数者を保護する。

　この短い条文には、注目すべき点がある。それは国連の世界人権宣言（1948）やユネスコの国際人権規約（1953）、また欧州評議会の欧州地域少数言語憲章（1992）などの国際機関や他国に先んじて、少数言語を保障する条文が憲法に加えられたことである。ただし、その保護の方法など、具体的な保障は明文化されていない。そもそも、憲法の制定において少数言語の保障は主要な案件ではなかった。しかし、これまでの政治制度で言語的な差別を受けてきた市民への配慮を主張した国会議員の提案が受け入れられ、条文に追加されたのである（Pizzorusso, 1963: 938）。次に第21条は、表現の自由の保障に関連するものである。

　　何人も、自己の思想を、発言、文書その他あらゆる流布手段により、自由に表明する権利を有する。（以下略）

　この条文は言語の権利に関して言及するものではない。しかし、発言や文書に手段として言語が用いられることを考えれば、表現の自由の観点から、いかなる言語による表明も権利として保障される。

　新憲法には公用語に関する記述はない。基本的人権から言語の平等性や少数言語の保護、また、表現の自由から言語の権利が保障されている。これは一見、言語の平等を尊重したかのように受け取れるが、公用語が明記されなかったのは言語の平等を主張するためではない。憲法制定議会のキリスト教民主党議員であったエドアルド・クレリチ（Edoardo Clerici, 1898–1975）は憲法で記される内容は、政治的な刷新があり、かつ周知が必要とされるものであって、既に議論の余地のない当然の事柄ではないと述べている。つまり、イタリアにおける使用言語がイタリア語で、ラテン文字を用い、アラビア数字を使うということを憲法で改めて述べる必要はないという認識で

あった（Ainis, 2010: 182）。憲法制定議会の議員たちはイタリア語に対する国家語としての公認を、言語の平等性の観点からではなく、それが自明であると考えていたことから、憲法の条文に盛り込まなかったのである。それは、当時のイタリア人にとって、イタリア語が唯一の言語であるということに疑いの余地がなかったことを示している。

　とはいえ、言語の平等や自由を承認する憲法は、戦後まもなく改定されていた自治地域の言語教育に関わる法律を後押しするものであった。例えば、1945 年に政令で認められたヴァッレ・ダオスタでのフランス語とイタリア語による教育、また、ボルツァーノで認められたそれぞれの母語による教育[20]などは憲法により文言のうえでは保障されることとなった[21]。

　また、民主主義はイタリアの教育政策にも反映されることになる。アメリカの教育者カールトン・ウォシュバーン（Carlton Washburn, 1889–1968）が長を務める連合国管理理事会教育小委員会 Sottocommissione per l'Educazione dell'Allied Control Commission により、教育法令[22]は憲法改正を待たずに1945 年に改正された。教科書からファシズムは抹消され、初等教育にはデューイの教育理論が取り入れられた[23]。教育は国家ではなく各学校に委ねられ、民主化へと向かい、自主性や地方性が取り戻されつつあった。しかしながら、方言に対する姿勢に変化はなく、その存在が配慮されることはなかった（Balboni, 2009: 62; Pizzoli, 2018: 148）。その後、1955 年に初等教育におけるエルミニ・プログラム[24]において、「方言禁止」が緩和され、ロン

20　D.L.Lgt. 7 settembre 1945, n. 545; D.L.Lgt. 27 ottobre 1945, n. 775.

21　政令や憲法によって、少数言語話者の権利は認められたものの、トレンティーノ - アルト・アディジェ州では、イタリア語話者の流入により、ドイツ語話者が言語的にも不利な状況に置かれることとなる。1972 年に大幅な自治の拡充を認める第二次自治法が施行されるまで、南チロル解放委員会などによって、自治拡大や、アルト・アディジェとトレンティーノの分離を求める運動や紛争が続いた。

22　D.L.Lgt. 24 maggio 1945, n. 459.: Pizzoli（2018）には L. 24 maggio 1945, n. 459. と表記があるが、正しくは左記の通り。

23　ウォシュバーンはアメリカの哲学者ジョン・デューイ（John Dewey, 1859–1952）に師事し、ジョン・デューイ協会の創立にも関わっている。

24　D.P.R.14 giugno 1955, n. 503.

バルド・ラディーチェの「方言から言語へ」が再度採用される。それは教師
に対して正確なイタリア語の提示と同時に、生徒から自然に発せられる方言
に対する気づきを求めるものであった。しかし、実際のところ、方言を禁止
する教師の姿勢は容易に変わらなかった（Balboni, 2009: 65）。

　民主主義国家となったイタリアでは、言語に関する平等や保障が憲法に明
記され、多言語地域には自治権が与えられて、学校教育も民主化が進んだ。
しかし、教育現場では、言語に関しては特別自治州[25]を除き、イタリア語に
よる単一言語教育に変化はなく、民主化の意識が方言の尊重へと展開するこ
とはなかった。前述のクレリチの言説からもわかるように、もはやイタリア
語は自明の国家語となり、それ以外の選択肢はなかった。したがって、教育
においてイタリア語を使用することも当然の行為であった。

3.　1970年頃の言語状況

　戦後、イタリア語は法において定められていなかったものの、実質的には
国家語の地位を確立していた。しかし、1975年に提唱された民主的言語教
育は、当時、直面した言語教育問題から生まれた教育改革である。つまり、
1970年に至るまでイタリアには言語、もしくは言語教育の問題が存在して
いたことになる。では当時、イタリアの言語状況はいかなるものであり、イ
タリア語は国民にどの程度浸透していたのだろうか。

　まず、就学率を検討する。1962年に改正された教育法[26]で、義務教育は14
歳までと改定され、初等教育修了後の専門職業訓練校[27]が廃止されて、中等
教育が一本化される。それまでの義務教育の変遷を振り返れば、1859年のカ
ザーティ法では初等教育4年間のうち2年間、1877年のコッピーノ法では

25　戦後、シチリア州、サルデーニャ州、ヴァッレ・ダオスタ州、フリウリ－ヴェネツィ
ア・ジュリア州、トレンティーノ－アルト・アディジェ州が特別自治地域となり、言語教
育を含め、自治権が与えられている。

26　Legge 31 dicembre 1962, n. 1859.

27　1923年のジェンティーレ改革時に設置された。11～14歳までの中等教育における専門職
業訓練校。工業校と商業校があり、労働者、もしくは事務員になるための教育が行われていた。

初等教育 5 年間のうち 3 年間が義務教育とされた。その後も 1904 年のオルランド法において 12 歳まで、また、1923 年のジェンティーレ改革において 14 歳までと延長されてきたものの、実際のところ中等教育はエリートへの教育であり、法的効力は発揮されていなかった。それが 1962 年の法律改正によって万人への教育として、義務が強化されることとなったのである。

　1962 年までの義務教育不徹底の状況は国勢調査による就学率調査から知り得る（図 1）。法改正以前の 1951/52 年度の前期中等教育（11〜13 歳[28]）の就学率は 31.6% であり、当時 14 歳まであった義務教育で学ぶ者はわずか 3 割程度だった。1961/62 年度になると 63.1% に上昇するものの、依然その値は低かった[29]。その後、1971/72 年度には 90.4%、1981/82 年度は 105.1%[30] へと増加する。

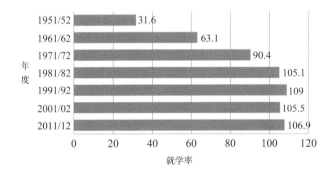

図 1　前期中等教育における就学率

出所）ISTAT: http://seriestoriche.istat.it/fileadmin/documenti/Tavola_7.9.xls
（2023 年 8 月 8 日閲覧）より著者作成

28　学年の開始年齢を示す。修了時の年齢は 14 歳である。

29　1960 年代の教育の不平等は前述した *Lettera a una professoressa*『イタリアの学校変革論—落第生から女教師への手紙』(1967) に詳述されている。司祭ロレンツォ・ミラーニが開いた民衆学校で学ぶ方言話者の生徒らが、落第によって彼らを公教育から追放した教師に宛てて書いた手紙という形式を取るその著述は、当時の社会階層の実態を告発するもので、多大なインパクトを与えた。

30　イタリアの義務教育には飛び級や落第の制度があるため、11〜13 歳の学齢期以外の学生も含まれており、そのため 100% を超える。

　戦後の新憲法で「第34条：学校は、すべての者に開かれる。少なくとも8年間与えられる初等教育は、義務でありかつ無償である」と定められたにもかかわらず、実際に8年の義務教育を遂行するには、それから14年を経て、すべての生徒のために首尾一貫した義務としての教育課程の原則となる1962年の法律の制定を待たなければならなかった（Pizzoli, 2018: 148–149）。つまり、この教育法の後、1980年代にようやく前期中等教育を含む8年間の義務教育が普及したのである。

　そして近年に至るまで、この義務教育の不徹底は国民の言語能力にも影響していたことが推測でき、それは非識字率からも読み取ることができる。国勢調査（図2）では、1951年に6歳以上の非識字者は12.9%、1961年は8.3%であり、その後1971年には5.2%に減少している。国家統一当初の1871年の非識字率が69%であったことに鑑みれば、イタリア統一から100年を経て、識字率とともに、イタリア語はある程度普及したと推察することができる。

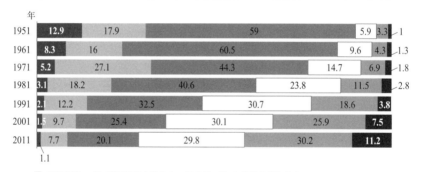

図2　6歳以上の教育水準　国勢調査 1951-2011（%）

出所）ISTAT: http://seriestoriche.istat.it/fileadmin/documenti/Tavola_7.1.
（2023年8月8日閲覧）より筆者作成

　デ・マウロは、この1971年の国勢調査の結果に関して、非識字者が250万人超（5.2%）であることに着目する。そのうえで、この数値をそのまま信じてはならず、それ以外の者が識字者であると理解してはならないとも注記している。なぜなら、デ・マウロによれば、小学校卒業資格を持たない識字

者は自身の名前は書けたとしても、簡単な文章などを書くことは難しかっ
たからである。つまり、小学校卒業資格を持たない27.1％[31]の識字者は、実
際には機能的識字能力を持たない可能性が高い。よって、それらを合算すれ
ば、イタリア人の三分の一が読み書きを知らないことになる。また、たとえ
小学校卒業資格者であっても、その後、書くことから遠ざかることで、識字
能力を次第に失ってしまう（De Mauro, 1980: 13, 16）。デ・マウロは非識字
者数や小学校卒業資格を持たない非識字者数を示し、また小学校卒業資格者
の実態を指摘したうえで、読み書きが十分にできない国民、つまりイタリア
語の能力が不十分な者が1970年代にも数多くいたことを看破する。
　デ・マウロは口語についても分析を行っている。1951年における国勢調
査（図2）の結果から義務教育とイタリア語の普及をある程度評価しつつも、
国民の使用言語に関する実情を明らかにしている。約13％の非識字者を完
全な方言話者と考えるなら、それを除いた87％がイタリア語使用者といえ
るか疑問を呈したうえで、同年の異なるデータを分析する。当時、イタリ
ア語のみを使用する習慣の人々は18.5％、イタリア語と方言を使用する習
慣の人々は16.8％、方言のみを使用する習慣の人々は63.5％であったこと
を示し、そこから、国民の三分の二が方言話者であることを指摘する[32]（De
Mauro, 1965a: 15–16）。また、イタリア全体の非識字率は約13％に減少して
いるものの、南部においては依然として高く、1959年では28％であること
も言及する。デ・マウロは、それらの数値が、これまで学校教育が十分に機
能してこなかったこと、また、言語政策が義務教育として整えるべき言語環
境を、初等教育において整備してこなかったことを示しているとし、イタリ
アにおける言語政策は失敗していると断言する[33]（Ibid.: 20–21）。

31　1961年の16％から大幅に増加しているが、それは1961年の調査以降、義務教育認定
証（初等教育3年）が小学校卒業資格として承認されなくなったためである。この証明書を
所有していた者は「学歴資格を持たない識字者」に含まれるようになった。

32　1951年のデータの出典は明示されていないがDe Mauro, 1963; 228–229を参照してい
る。その原典はISTAT CSI tav,58とのこと。

33　1959年のデータの出典は明示されていない。ただし、ISTATの調査（Tavola 7.1.1 -
Popolazione residente in età da 6 anni in poi per grado di istruzione, regione e ripartizione geografica
ai censimenti - Censimenti 1951–2011 (a)（valori assoluti in migliaia e composizione percentuale)）

　その後、デ・マウロは口語状況について、1974 年の Doxa[34] の資料からも分析している（De Mauro, 1978）。Doxa は 1970 年前後に主要都市や非主要都市、地方において、性別、年齢別、地方別、都市の規模別、階層別（学歴別）に使用言語の調査を行った。

　その調査によれば、家族の全員と方言で話す者は 51.3%、家族の全員とイタリア語で話す者は 25%、ある者とは方言で話し、ある者とはイタリア語で話す者は 23.7% が全国平均であった（表 1, Tavola 1.1）。デ・マウロはそのなかで、家族全員とイタリア語で話す者について言及し、平均値は 25% であるが、その数値は 10 万人以上の都市では 41% であり（表 1, Tavola 1.3）、高校卒や大学卒の学歴を持つような上層・中上層階級では 63%[35] である（表 1, Tavola 1.4）ことを指摘している。つまり、都市部の者、また高学歴の者ほど家庭内においてもイタリア語を話しているという実態を明らかにした（De Mauro, 1978: 103）。

では、1951 年において南部（カンパーニャ、プーリア、バジリカータ、カラブリア、シチリア、サルデーニャ）では 22%〜 31.8% の高い非識字率を示していることから、デ・マウロの主張には妥当性がある。

34　Doxa は主に市場調査を目的とする統計機関（Istituto per le ricerche statistiche e l'analisi dell'opinione pubblica）である。

35　資料の正確な数値は 63.9% である。

表 1　家族と話すとき、いつもどのように話しますか。

(Tavola 1.1〔性別と年齢別〕)

	計	男性	女性	34 歳以下	35–54 歳	54 歳以上
- 家族の全員と方言で話す	51.3	53.4	49.3	46.0	46.7	64.0
- 家族の全員とイタリア語で話す	25.0	25.0	25.0	28.6	25.5	20.1
- ある者とは方言で、ある者とはイタリア語で話す	23.7	21.6	25.6	25.4	27.8	15.9
	100.0	100.0	100.0	100.0	100.0	100.0

(Tavola 1.2〔地域別〕)

	北西部	北東部	中部	南部と島
- 家族の全員と方言で話す	39.0	61.3	33.2	66.8
- 家族の全員とイタリア語で話す	28.3	14.5	55.1	10.6
- ある者とは方言で、ある者とはイタリア語で話す	32.7	24.2	11.7	22.6
	100.0	100.0	100.0	100.0

(Tavola 1.3〔都市規模別〕)

	1 万人以下	1 万人〜3 万人	3 万人〜10 万人	10 万人以上
- 家族の全員と方言で話す	67.1	56.0	46.2	31.3
- 家族の全員とイタリア語で話す	11.8	22.0	29.8	41.0
- ある者とは方言で、ある者とはイタリア語で話す	21.1	22.0	24.0	27.8
	100.0	100.0	100.0	100.0

(Tavola 1.4〔階層別〕)

	上層・中上層	中層	中下層	下層
- 家族の全員と方言で話す	14.2	39.3	62.8	74.6
- 家族の全員とイタリア語で話す	63.9	32.0	15.1	10.9
- ある者とは方言で、ある者とはイタリア語で話す	21.9	28.7	22.1	14.5
	100.0	100.0	100.0	100.0

表2 家庭外で話すとき、つまり友人や職場の同僚といつもどのように話しますか。

(Tavola 3.1〔性別と年齢別〕)	計	男性	女性	34歳以下	35–54歳	54歳以上
- 常に方言で話す	28.9	29.7	28.2	18.4	27.9	43.0
- 方言で頻繁に話す	13.4	14.7	12.1	13.0	14.2	12.7
- 方言とイタリア語の両方で話す	22.1	22.7	21.5	23.6	23.9	17.7
- イタリア語で頻繁に話す	12.9	12.8	13.0	16.7	12.5	8.7
- 常にイタリア語で話す	22.8	20.2	25.1	28.3	21.4	18.0
	100.0	100.0	100.0	100.0	100.0	100.0

(Tavola 3.2〔地域別〕)	北西部	北東部	中部	南部と島
- 常に方言で話す	21.4	41.7	13.7	36.9
- 方言で頻繁に話す	13.4	13.5	10.0	15.3
- 方言とイタリア語の両方で話す	21.9	23.7	16.0	24.9
- イタリア語で頻繁に話す	14.9	7.6	15.5	12.6
- 常にイタリア語で話す	28.4	13.5	44.9	10.3
	100.0	100.0	100.0	100.0

(Tavola 3.3〔都市規模別〕)	1万人以下	1〜3万人	3〜10万人	10万人以上
- 常に方言で話す	37.3	33.0	26.5	17.1
- 方言で頻繁に話す	18.5	12.3	13.2	7.7
- 方言とイタリア語の両方で話す	26.3	18.3	22.5	18.9
- イタリア語で頻繁に話す	8.4	13.9	12.3	18.2
- 常にイタリア語で話す	9.6	22.5	25.5	38.1
	100.0	100.0	100.0	100.0

(Tavola 3.4〔階層別〕)	上層・中上層	中層	中下層	下層
- 常に方言で話す	4.1	18.9	36.0	52.3
- 方言で頻繁に話す	7.1	12.0	15.9	13.3
- 方言とイタリア語の両方で話す	17.2	24.0	23.7	14.1
- イタリア語で頻繁に話す	16.0	16.3	10.1	9.4
- 常にイタリア語で話す	55.6	28.8	14.3	10.9
	100.0	100.0	100.0	100.0

出所) Doxa, *Bollettino della Doxa / Istituto per le ricerche statistiche e l'analisi dell'opinione pubblica italiana*, n.23–24, Milano, Istituto Doxa, 1974, pp. 165–174, Tavola 1 (表 1), 同 Tavola 3 (表 2) 筆者訳

　家庭外に関しては、常に方言で話す者は 28.9％、イタリア語と方言で話す者は 35.5％、主にイタリア語で話す者は 35.7％が全国平均であった[36]（表 2, Tavola 3.1）。デ・マウロはそのなかで、常に方言で話す者を取り上げ、北東部（フリウリやアルト・アディジェを含む地域）で 41.7％、南部の平均が 36.9％（表 2, Tavola 3.2）、3 万人以下の都市で 33％～37％[37]（表 2, Tavola 3.3）、小学校以下の学歴の者で 52.5％[38]（表 2, Tavola 3.4）であることを指摘する。つまり、家庭外の言語使用も、地域別で見れば南部や小都市ほど、また、学歴別で見れば低学歴になるほど、方言のみの使用率が高い。デ・マウロは、50 年代と比べれば、イタリア語の状況が大きく変化したことを認めつつも、その使用状況は環境によって非常に多様であると論じている（De Mauro, 1978: 103–104）。このデ・マウロの分析から、1970 年代初頭、口語としてのイタリア語の普及が確実に進んでいることが認められる一方、その普及には居住都市の規模や居住地域、学歴による格差があることが判明する。

　このような教育の不徹底と言語格差が存在する一方で、次の二点でイタリア語の普及が促進されていたことも確かである。

　第一に、地方から都市への人口流入である。第二次世界大戦後、それまで法律[39]により制限されていた他地域への移住が可能となったことで、仕事やよりよい暮らしを求め、地方から大都市に人々が流入した。特に、1950 年代から 70 年代にかけてのローマやミラノ、ナポリ、トリノ[40]への人口増加は顕著であったが、その周辺の地方都市も規模が拡大していった。人的移動によりそれら地域では共通語となるイタリア語の使用が促進されたが、一方で人口が減少した地域は方言がそのまま維持された（De Mauro, 2014: 53–58）。

36　デ・マウロは「方言で頻繁に話す」と「方言とイタリア語の両方で話す」、また「イタリア語で頻繁に話す」と「常にイタリア語で話す」を合算している。

37　資料の正確な数値は 37.3％である。

38　資料の正確な数値は 52.3％である。

39　Legge 24 dicembre 1928, n.2961 やファシズム政権下で公布された Legge 9 aprile 1931, n. 358, Legge 6 luglio 1939, n.1092 などがある。

40　1951 年から 1971 年にかけて各都市の人口は、ローマでは 165.2 万人から 278.2 万人、ミラノでは 127.4 万人から 173.2 万人、トリノでは 71.9 万人から 121.2 万人に増加した。またナポリでは 1951 年から 1981 年にかけて 101.0 万人から 121.2 万人への増加であった。

　第二に、マスメディアによるイタリア語の普及である。イタリアでは1924年からラジオ放送、1954年からはテレビ放送といった新たなメディアが出現し、イタリア語は地域や社会階層を超え、方言が根強く残る低所得階層にも幅広く普及していった（De Mauro, 1963: 107, 354–355; Mengaldo, 1994: 73–77）。これらメディアがイタリア語の普及を促進したのは予想できるが、1960年代から70年代にかけては、普及の過渡期であり、短期間のうちにイタリア語が浸透したわけではない。

　1970年代までの統計とデ・マウロの分析に鑑みれば、1970年頃のイタリアでは、14歳までの義務教育がまだ行き届いていなかったことや非識字者が多数存在したこと、そして、多くの国民が日常的に家庭の内外で方言話者であったことの三点が理解できる。また、その状況は国内に均等に見られたわけではなく、地域差、都市規模の差、学歴差（階層差）があった。つまりイタリアにおいて方言話者、少数言語話者は、物理的にも経済的にも社会の中心から疎外された環境に置かれていることを意味するもので、それは社会的弱者であることを意味していたのである。そして、これらはイタリア統一当初の言語状況が1970年代においても残存していたことを意味する。1860年代に一部の上層階級、あるいはイタリア中部の民衆にのみイタリア語が使用されており、それ以外の者はイタリア語に対して無知であった。その状況はある程度緩和されたものの、1970年代においても、維持され続けていたのである。つまりそれは、イタリア統一以来、進められてきた単一言語へ向けての政策が100年を経ても、なお道半ばであったことを意味している。

4.　まとめ

　イタリアはそもそも地理的、歴史的な理由から、個別言語ほど異なる言語変種や少数言語が多様に共存する国である。しかし、1861年の国家統一以降、一貫して言語の多様性は否定され、規制され続けてきた。この一世紀にわたる言語政策、また言語教育政策はイタリアの複層的な言語状況を根本的に変容すること、つまり単一言語の普及を徹底し得ることはなかった。デ・マウロはこの状況を社会言語学の視点から分析し、方言話者や少数言語話者

が社会的弱者となっている事実を明らかにするとともに、言語状況と言語教育政策の乖離に由来する教育の不平等を洞察したのである。この知見からデ・マウロは言語教育に関心を寄せ、単一言語教育はその格差を是正することはできないと確信し、多様な言語を承認する民主的言語教育を構想し、提言するに至るのである。

第 2 章

イタリアにおける plurilinguismo の 歴史的変遷

　前章では、言語政策や言語教育政策の失敗から 1970 年代のイタリアで単一言語としてのイタリア語が十分普及しておらず、それに起因する教育の不平等や社会格差が存在していたことを解明した。また、この状況に鑑み、デ・マウロが言語教育改革となる民主的言語教育に着手し、提唱したことを明らかにした。

　続く本章は、民主的言語教育の概念となる plurilinguismo がイタリアでいかに萌芽し、言語教育へと包摂されたのか、その起源と変遷を plurilinguismo に関わる言説にもとづき明らかにする。序論で述べた通り、民主的言語教育は欧州評議会の複言語主義と類似性があり (Costanzo, 2003)、またそこに plurilinguismo の概念も確認されている (Tempesta, 2008; Lo Duca, 2013)。しかし、その概念がどこから萌芽したものか、また欧州評議会の複言語主義と起源を共通とするのか明らかではない。起源と変遷を明らかにする過程でその概念と評価の変容を考察し、デ・マウロがそこに教育的価値を発見するまでのプロセスを詳らかにしたい。

1.　民主的言語教育に見られる plurilinguismo

1.1　複言語主義の多義性

　イタリアにおける plurilinguismo を振り返る前に、欧州評議会の提言する複言語主義の多義性をまず明確にし、民主的言語教育との類似性を明らかにする。

　複言語主義の多義性に関して、欧州評議会は *From Linguistic diversity to plurilingual education: Guide for the development of language education policies in Europe*（Council of Europe, 2007）において言及し、複言語主義を主に四つに分類している。

　第一に、複言語主義は教育に関わる。ヨーロッパ人にとって、商品やサービスの移動、情報や知識の交換、また人の移動に言語の知識は不可欠であるため、その社会の発展に適応した言語教育が必要である。複言語主義はそれらのコミュニケーションを確保する可能性になる。また、複言語主義は、教育システムのなかで学習言語の提供数を増加することを目的としている。それらが選択的であるということは、教育の質、学習者の社会的均質性、よりよい雇用へのアクセスを保障することが予想される（*Ibid.*: 37）。

　第二に、複言語主義は多言語主義 multilingualism[1] に関わる。それはヨーロッパの言語の多様性を維持するための原則ともなり得る。ヨーロッパには現在 220 以上のその土地固有の言語の変種があり、そのうちの約 40 言語が公用語や国家語であるという多言語状態にある。複言語主義はこのようなヨーロッパ社会の実情、つまり地域に複数の異なる言語が共存する事実を認識させる役割を持つ。多言語地域においては地域言語や少数言語の話者自身が国家語を選択し、自らの言語の価値に気づかない可能性があるが、複言語主義はそのような人々に対して、言語の多様性の本質的な価値を理解させることにつながる（*Ibid.*: 37）。

　第三に、複言語主義は個人の能力に関わる。複数言語を共有する言語能力はすべての話者が持つ優れた能力であり、言語教育政策の役割の一つは、話者にそのような能力を認識させ、その価値を評価し、他の言語変種へと拡張

1　複言語主義と多言語主義の定義に関しては序論を参照のこと。

させることである。また、この複言語能力はコミュニティーで言語の多様性
を維持するための前提条件の一つとなる。教育などを通して得た言語レパー
トリーはレベルが均質であるとは限らず、また時間の経過とともに変化する
ものである。話者はその言語レパートリーをニーズに応じてコミュニケー
ション・リソースとして使用する。この能力は習得した言語間の横断的な能
力となり、また複言語・複文化能力を形成する (Ibid.: 38–39)。

　最後に、複言語主義は言語教育政策に関わる。各国の教育システム、いわ
ゆる公教育機関は、民主主義の価値を教育する役割を担うと同時に、地域言
語やヨーロッパ言語、その他の地域で話されている言語の知識を促進し、複
言語教育を実施する責務がある。その教育は、必ずしも教育カリキュラムや
教育組織を一致させる必要はなく、多様である。複数言語の教育や複数言語
による教育は、国内外の状況で使用される言語やその必要性、市民の帰属意
識やニーズ、希望に応じてさまざまな形を取る場合がある (Ibid.: 39–40)。

　このように、欧州評議会は複言語主義の多義性を認識しており、複言語主
義が「複言語教育」「多言語状態」「複言語能力」「複言語教育政策」に展開
することを明らかにしている。では、1970 年代のイタリアの民主的言語教
育にこのような意味での複言語主義の特徴が認められるであろうか。そこで
次に、民主的言語教育と複言語主義の類似性を検証する。

1.2　民主的言語教育と複言語主義との類似性

　民主的言語教育を提言する文書である 10 のテーゼに、複言語主義を示
す plurilinguismo という用語は用いられていない。しかし、前述の Costanzo
(2003) はそこに欧州評議会の訴える複言語主義との類似性を見出す。コス
タンツォは、民主的言語教育がイタリアからヨーロッパ全体へ展開が可能な
多言語・多文化アプローチの先駆であったと主張する (Costanzo, 2003: 10)。
民主的言語教育には言語権や表現の自由、マイナー言語の尊重といった考え
とともに、単一言語を基盤とする国語教育を緩和する発想が含まれることか
ら、欧州評議会の複言語主義との類似性を認めることができるという (Ibid.:
18)。このようにコスタンツォはその類似性を指摘してはいるが、その論文
は 10 のテーゼの概説に留まっている。そこで、ここでは 10 のテーゼを再

検討し、欧州評議会の複言語主義との類似性を詳らかにしたい。

　まず、能力について検証する。10 のテーゼは、「Ⅲ．言語能力の多様性と複雑さ」で、産出能力として口頭言語と書記言語、また会話・質問・返答能力を示す。そして、受容能力として、読み、聞くことで得た情報に意味を与える能力や、さまざまな状況を、言語を通じて分類・分析する能力を取り上げる。また産出・受容能力を通して既に獲得した言語資源をより拡張する能力など、多様な能力の獲得を提示している（GISCEL, 1977: 2）。このⅢの能力に関する記述は、言語技能を産出能力と受容能力に分類し、細分化したうえで、その複数性を示し、その能力の向上を主張する。これは CEFR が評価指標に、産出能力として "Spoken Interaction", "Spoken Production", "Writing" また、受容能力として "Listening", "Reading" をあげ、A1 から C2 へと言語能力の拡張を示す点と共通性が認められる。

　また、「Ⅷ．民主的言語教育の原則」においても言語能力に触れ、個人や身近な言語文化上のそれぞれの背景を前提としたうえで、生徒たちの言語資源を徐々に拡張し、豊かにすべきであると喚起している。生徒が属する集団内で個々の言語の違いを発見することは、その社会を特徴づけている言語資源の空間的、時間的、地理的、社会的、歴史的な多様性の経験となり、探求を深める原点となる。多様性への理解や尊重は他者の言いなりになることもなく、他者を傷つけることもなく、そこに生きることを学ぶ第一歩である（Ibid.: 9–10）。Ⅷの論及する能力は、生徒の個々の環境にもとづく言語変種を第一とし、その言語能力を承認したうえで、多様な言語能力を獲得させ、また社会に存在する言語の多様性への気づきを重視する。その多様性を認めることは、社会を理解し、よりよく生きる手立てとなる。そして、これは欧州評議会が複言語主義によって、域内に存在する多様な言語と文化の共存を承認すること、また個々人の複数言語に対する理解を促進し、言語能力を高めることにより多言語状態にあるコミュニティーの維持を目指すことと一致する。

　10 のテーゼのⅢとⅧは個々が持つ言語変種を出発点として、その社会で必要な複数の言語能力への拡張を図り、他者への理解を伴いながら、社会的存在として行動することを目指している。これは欧州評議会が相互理解や社

会統合のため、多言語状態を承認し、複言語能力の獲得を推奨していること
に相似している。

　次に、教育とその政策に関して検証する。「Ⅸ．教師に向けた新しいカリ
キュラムのために」では、教師がそれまで伝統的に行ってきた模倣や反復に
よる言語教育を見直し、言語の多様性を認める民主的言語教育の方針にもと
づいた新たな教育を推進することを強く訴えている（Ibid.: 11）。また、「Ⅹ.
結論」では、民主的言語教育の実現には言語や教育に関わる教員養成や情報
を担う適切な組織が不可欠であり、これは各地域の行政や市民の問題、さら
には政策の問題であると説いている（Ibid.: 12）。

　つまり、10 のテーゼのⅨとⅩは、言語教育を進めるにあたり、現場の教
師が言語的多様性を認識し、教育を改革する必要があり、そのために地域に
適した政策が必要であると主張する。これは欧州評議会が各現場に合わせた
言語教育を可能とする CEFR を教育関係者に向けて示し、複言語主義を理
念とし言語政策を推進する点に類似している。10 のテーゼに具体性のある
教育法は記述されていないものの、その方針は欧州評議会の教育政策に極め
て近い。

　このように、1975 年に発表された 10 のテーゼには「複言語能力」や「多
言語状態」、「複言語教育」、「複言語教育政策」といった複言語主義の要素が
見られる。つまり、欧州評議会が 1990 年代後半に複言語主義を議論する 20
年前に、イタリアの言語教育では、イタリア半島の多言語状況を背景に複言
語能力、複言語教育、複言語教育政策の必要性が訴えられていたのである。
しかし、この「複言語主義」に類似する概念がゼロから生まれたとは考え難
い。では、イタリアにおける plurilinguismo がいかに創出され、議論がなさ
れていたのか。そして、その提唱者であるデ・マウロはそこにどのような教
育的価値を見出したのか。次に、イタリアの plurilinguismo をめぐる先行研
究や文献を参照し、分析と考察を行う。

2. イタリアにおける plurilinguismo の史的議論

2.1 イタリアにおける史的研究

　イタリアで現在、議論されている plurilinguismo は欧州評議会の発表した複言語主義を踏襲するものであり、その歴史的変遷を検討する研究は少ない。しかし、そのなかでも、plurilinguismo の史的考察を行った Curci（2005）と Orioles（2006）の二つの研究が注目に値する。

　クルチは、plurilinguismo の起源をウィーン生まれのロマンス語学者マリオ・ヴァンドルシュカ（Mario Wandruszka, 1911–2004）が 1970 年代に「我々の自由な精神の言語空間」として提唱した Mehrsprachigkeit（イタリア語の plurilinguismo に相当）に求めた（Curci, 2005）。ヴァンドルシュカは、この用語を二つに分類し、標準語や専門語、話語、隠語、方言という言語変種の間を日常的に移動する能力のことを「内的複言語 plurilinguismo interno[2]」、それに対して母語に加えて複数の言語を習得する能力を「外的複言語 plurilinguismo esterno」と形容した（*Ibid.*: 60）。

　ヴァンドルシュカは 1970 年代に Mehrsprachigkeit についての考察を展開し、それまで人間の言語を絶対化し、神格化していた言語学、いわゆる構造言語学を批判した言語学者である。言語はそれを用いる人間と同様に不完全な存在であると主張し、その非体系性を説いた[3]。ヴァンドルシュカは、構造主義の束縛を離れた社会言語学の視点に立ち、複言語能力の存在を認めているのだが、クルチはここに plurilinguismo の起源を見出しているのである。しかし、クルチはイタリアにおける plurilinguismo には言及しておらず、本章が対象とする 1970 年以前のイタリアの plurilinguismo の展開を検討するための議論を提供していない。

　一方、オリオレスは "Genesi, vicende e 'statuto' del termine plurilinguismo"「plurilinguismo の起源と変遷、および最終定義」で、イタリアを含む欧米の研究を視野に入れ、ヴァンドルシュカ以前に plurilinguismo の起源を求

2　クルチによるイタリア語訳。

3　ヴァンドルシュカ, マリオ、福田幸夫（訳）『言語間言語学　ヨーロッパ六か国の比較』（1974）の訳者による「前書き」より。

めた（Orioles, 2006）。この研究は plurilinguismo の発生とその変遷、そして plurilinguismo とバイリンガリズムの共通点と相違点の三つの論点を論じ、定義を試みている。そこで、ここでは本章に関わる plurilinguismo の発生とその変遷について取り上げる。

　まず、plurilinguismo の発生に関して次のように分析している。オリオレスは、plurilinguismo とバイリンガリズムの起源を 19 世紀末、ドイツを代表する歴史言語学者ヘルマン・パウル（Hermann Paul, 1846–1921）や、同じくドイツの混合言語研究を行ったフーゴ・シュハルト（Hugo Schuchardt, 1842–1927）によって論じられ始めた「言語の混用」[4] の理論に求めた。オリオレスによれば、この理論は、人間は単一の言語を話すと考えられてきたそれまでの言語観を逸脱するもので、人々を困惑させる一方で、これがバイリンガリズムや plurilinguismo 研究の大きなページを開くこととなった。その後 20 世紀になるとフランス社会言語学の先駆者といわれるアントワーヌ・メイエ（Antoine Meillet, 1966–1936）が言語変化に関わる研究やヨーロッパ全体の語彙研究を進め、そのような研究がバイリンガル研究の発展に貢献したという（*Ibid*.: 199）。

　パウルは「言語の混用」について論じ、「言語は、個人の言語以外に存在しないということを出発点とすれば、すべて二人の個人が語り合うと直ちに引き続いて言語の混用が行われるということができる。この場合に話すものが聞くものの言語に関する表象群に、影響を与えるからである」（パウル , 1993: 669）と主張し、個人、また言語そのものは音韻、形態、意味などに外国語[5] の影響を受けると分析している。今では当然と考えられる言語の転移現象が、当時の言語学界においては新鮮であり、人間は単一言語を話すものと考えられていた固定観念に疑問を投げかけたのだった。オリオレスはこの 19 世紀末に議論された「言語の混用」論に着目し、個々人に表れる複数言語の混交に対する認識をバイリンガリズムや plurilinguismo の原点と考えた。

　次に、plurilinguismo の変遷に関しては次のように論じる。オリオレス

4　パウル、ヘルマン、福本喜之助（訳）『言語史原理』（1993）における訳。

5　パウル（1993）は言語の混用を主に外国語、つまり個別言語の転用として論じている。ただし、方言に関しても同様の混用が見られると章の最後で言及している。

48

は、イタリアにおける plurilinguismo の動向を分析し、1951 年にイタリア
の文学界で、文芸批評家であるジャンフランコ・コンティーニ（Gianfranco
Contini, 1912–1990）がルネッサンス期のペトラルカ[6]の作品を unilinguismo、
ダンテ[7]の作品を plurilinguismo と形容したことに言及する。この用語は
イタリアの詩人・映画監督のピエール・パオロ・パゾリーニ（Pier Paolo
Pasolini, 1922–1975）も引用したことから、当時のイタリアに plurilinguismo
が存在し、またその反響があったと推測している（Orioles, 2006: 200）。そ
の後、1962 年には、イタリアの言語学者ヴィットーレ・ピサーニ（Vittore
Pisani, 1899–1990）がドイツの文献学者テオドール・エルヴァート（Thedor
Elwert, 1906–1997）の著書を評するにあたって[8]、「バイリンガル」の翻訳
に plurilinguismo を使用したことを指摘している（*Ibid.*: 201）。また、デ・
マウロが用いた plurilinguismo に関しては、脚注で簡潔に言及するのみで
分析は行っていない（*Ibid.*: 201）。このように、オリオレスはイタリアの
plurilinguismo の変遷に言及はするものの、それは断片的で、plurilinguismo
の概念の形成過程を論ずることはない。

2.2　史的研究の考察

　Curci（2005）と Orioles（2006）の研究はイタリアにおける plurilinguismo
の変遷を十分に解明していないが、plurilinguismo の起源に関しては注目す
べき共通点がある。起源とする年代は異なるものの、両者は、「言語＝単一
言語」という固定観念を覆す理論に plurilinguismo の起源を求めている。19
世紀末にパウルやシュハルトは「言語の混用」を論じ、1970 年代にヴァン
ドルシュカもまた、構造主義を否定し、言語の不完全さや非体系性を説いた
が、いずれもその対立軸には、絶対化された言語が存在していた。その言語
観に対する新たな理論が、現在の plurilinguismo につながるとクルチやオリ
オレスは分析したのである。

6　フランチェスコ・ペトラルカ（Francesco Petrarca, 1304-1374）

7　ダンテ・アリギエーリ（Dante Alighieri, 1265-1321）

8　Pisani Vittorio（1962）

　また、特にオリオレスは plurilinguismo とバイリンガリズムを根本的には
同じ現象と認識していた。では、言語の混用や個人の複数言語使用、バイリ
ンガリズムは、その当時の言語学においてどのように語られてきたのであろ
うか。例えば、フランスの言語学者アンドレ・マルティネ（André Martinet,
1908–1999）は以下のように述べている。

> 　これまでのところ、bi- もしくは plurilingualism は、言語病理学に属す
> る特異で異常な状態と広く考えられてきた。
>
> 　　　　　　　　　　　　　　　　　　（Martinet, 1952: 440/ 筆者訳）

　ここでマルティネは複数の言語使用は医学的に異常な行動と認識されてい
ることを指摘している。オリオレスも「言語の混用」論が人は単一言語を話
すと考えられてきた言語観を逸脱したものとして人々を困惑させたと指摘し
たように、複数の言語使用は正常な行動とは見なされていなかった。また、
時代が下り、バイリンガリズムの史的研究（Cummins & Swain, 1986; Baker,
2011）が行われるようになると、バイリンガルが否定的に評価された時期の
存在が指摘されている。19 世紀初頭から 1960 年代まで、多くの研究者はバ
イリンガルが思考には有害であると考えていた。なぜなら、バイリンガルや
認知に関する初期研究では、口頭による IQ テストにおいて、バイリンガル
はモノリンガルに劣るという結果が一般的であったためである（Baker, 2011:
140）。言語学の歴史を見ると、複数言語を話す状態は特異で決して好まし
い能力ではなく、バイリンガリズムや plurilinguismo は高く評価されるもの
ではなかったのである。
　二つの史的研究から、plurilinguismo の創出と過去の評価に関する手がか
りを得ることができたが、これらはイタリアにおける plurilinguismo の変遷
と言語教育への展開を明らかにするものではない。そこで、次にイタリアに
おける plurilinguismo の創出と言語教育へと至るまでの史的変遷を詳らかに
する。

3. イタリアにおける plurilinguismo の形成過程

3.1 イタリアにおける plurilinguismo の創出（1950 年代）

イタリアで plurilinguismo という用語が誕生したのはオリオレスも指摘した通り、1950 年代である。語源や例文が記載されたイタリア語の主要な辞書である *Grande Dizionario della Lingua Italiana*『イタリア語大辞典』(1986) および *Grande dizionario italiano dell'uso*『イタリア語用例大辞典』(1999) を参照すると、後者が引用するコンティーニが手掛けた論文に plurilinguismo の起源を求めることができる[9]。

コンティーニはイタリアの著名な文芸批評家の一人で、論文 "Preliminari sulla lingua del Petrarca"「ペトラルカの言語に関する前提」(1951) において、ルネッサンス時代の作家ペトラルカによる *Canzoniere*『叙情詩集』に使用されている音韻を研究し、同じくルネッサンス時代の作家ダンテの使用言語との比較を行っている (Contini, 1951)。この論文でコンティーニは、イタリア語の起源がダンテにあるとする通説に一石を投じ、ペトラルカの文学に焦点を当てている。そして、二人の偉大な作家の言語を比較するにあたり、新たな文芸批評の用語と概念、すなわちペトラルカの unilinguismo とダンテの plurilinguismo を提示した。

unilinguismo とは、洗練され、統一性のあるペトラルカの使用言語を指すもので、コンティーニによれば、ペトラルカの言語は入念に作られ、古典的であり、熟考され、機知に富んだ表現形式を保ちながらも、その異種のスタイルが一つの型へと集約される特徴を持っている。コンティーニはその一貫性のある言語使用を unilinguismo と形容したのである (*Ibid.*: 21)。そして、次のように批評している。

伝統を重んじたペトラルカはそれ〔言語の多様性〕を否定し、少なくと

9　前者 *Grande Dizionario della Lingua Italiana* (1986) には Montale, E. による *Auro da fè* (1966)、Compagnone, L による *L'amara scienza* (1965)、Pasolini, P. P による "Gadda: *Le novelle dal Ducato in fiamme*" *Passione e ideologia* (1953)（辞書には 1953 年と記載されているが出版年は 1954 年）から plurilinguismo の例文が出典されている。いずれもコンティーニ (Contini, 1951) より新しい。

も制限した。しかし、イタリア文学の出発点をペトラルカとするなら
ば、まさにその裏付けが必要である。（中略）国民文学としてのイタリ
ア語を見れば、シチリア派には、レンティーニが定めた書法があり、
1230 年代や 40 年代の 10 年間にもその書法が用いられていたとわかる
文書が残る。それと同様に考えるならば、有効な〔文学の〕伝統は、一
定の音韻や適度な規則を持つ言語の定義となったペトラルカの文学が始
まりであったといえる。私たちの文学の出発点はより豊かで、より創造
的な才能、もしくは、ずば抜けた知性にあるのではない。ダンテ、少な
くともダンテの『神曲』にあるのではない。私たちの文学の出発点はペ
トラルカの口語にあるのであり、ペトラルカの『叙情詩集』にある。

　　　　　　　　（*Ibid.*: 5 / 筆者訳 /〔　　〕は筆者による補筆）

　コンティーニはイタリア文学の創出者の一人としてペトラルカを論ずるに
あたり、まずは規範となる形式を重視している。そして、それを論証するた
めに、詩人のレンティーニが定型化した十四行詩のソネットをあげ、13 世
紀のシチリア王国の宮廷を拠点にして形成された詩派において一貫した書法
で詩が確立されていたことを提示し、文学には規範となる形式が必要であ
ると提言している。そのうえで、その規範が見出せるペトラルカの文学を
unilinguismo と称した。
　コンティーニによれば、文学の基礎は古典的な詩から入念に作り出された
もので、繰り返される基本原理に結び付いている。つまり、文学とは進化
した一定の言語形式によって判断されるもので、そのため複数性に反する
（*Ibid.*: 5）。このようなペトラルカの特徴、つまり精査され、ある形式へと統
一された言語が unilinguismo であった。
　一方、plurilinguismo とはダンテの使用言語を指す。ダンテはラテン語や
俗語[10] を使用しただけではなく、多様な文体や音韻、また社会階層の違いに
よる語彙を共存させた。その観点から、コンティーニはダンテの作品は第一
に plurilinguismo であると断言している（*Ibid.*: 5）。

10　俗語とは民衆が使用する口語を指し、ネオラテン語に起源を持つ。教養ある言語とし
て、また優れた文学言語として尊重されるラテン語とは対立する。

〔ダンテの作品には〕多数の文体や語彙が混在している。それは、卓越
した技法や、奇抜な技法を用いているだけではなく、読者に対して、あ
らゆる言葉を並べたものでもある。（中略）*Vita Nuova*『新生』から *De
vulgari*『俗語論』（中略）、70 年前に「言語の哲学」と呼ばれるきっかけ
となった *Convivio*『饗宴』から *Commedia*『神曲』に至るまで、ダンテ
の言語的な判断がいかに難しいか、想像すれば十分であろう。

(*Ibid.*: 5–6/ 筆者訳 /〔 〕は筆者による補筆)

　コンティーニはダンテのいくつかの作品を例にあげ、そこに表出する言語
の複数性を見出している。規範や形式を重んじるペトラルカとは対照的なダ
ンテのスタイルが plurilinguismo であった。
　この論文によって、イタリアでは plurilinguismo という用語が文学界にお
いて創出された。コンティーニはダンテの作品に見られる複数の言語スタイ
ルや語彙、音韻の使用を指摘し、一人の作家が持つ複数言語が作品に表出し
ている状態を plurilinguismo と形容した。
　コンティーニのこの批評を契機として、イタリアの文学界は plurilinguismo
という用語を広く使用し始める。そして、その後の論者はこの plurilinguismo
に対して、肯定的な価値を与えていった。その例として、Pasolini（1954）を
取り上げよう[11]。
　パゾリーニは、20 世紀の作家カルロ・エミリオ・ガッダ（Carlo Emilio
Gadda, 1893–1973）の作品に関する書評 “Gadda: *Le novelle dal Ducato in
fiamme*”「ガッダ：『燃える公国からの短編小説』」[12]（1954）において、ガッダ
の使用言語に対する他の論者からの批判に反論するが、そこにはコンティー
ニが使用した意味での plurilinguismo の考え方を読み取ることができる。

　　ガッダのバロック様式は現実的である。（まさに！）それは以前の 1600

11　Orioles（2006）にも参照が見られるが、plurilinguismo の存在を確認するに留まってお
り、その評価の変遷は言及していない。

12　*Le novelle dal Ducato in fiamme* は 1931 年〜 1951 年まで雑誌に掲載され、1953 年に出
版されたガッダの短編小説集。

年代の様式の類であり、コンティーニが plurilinguismo と定義した
イタリア文学の一つの形式である。ガッダの様式は、ペトラルカの
unilinguismo、つまり絶対的で、歴史とは切り離されており、イタリア語
—フィレンツェ語文学の模範として位置づけられている最も純粋な言語
とは対照的なものであった。

（Pasolini, 1954: 274–275/ 筆者訳 /（　）は原文ママ）

　バロック様式とは1600年代末期から1700年代に隆盛した美術や文化様
式のことであるが、ガッダの作品は誇張的で、装飾を多用していることか
ら、バロックの特徴と重ね合わせ、「現実的なバロック様式」と評している。
そして、ガッダの作品はコンティーニが定義した plurilinguismo に分類され
ると位置づけ、言語の歴史から切り取られたような規範的なペトラルカの
unilinguismo とは対照的であると論評している。

　パゾリーニは続いて、芸術用語を用い、ガッダの文学がパスティッシュで
あると断ずる。ここでのパスティッシュとは、さまざまな作品からの借用や
模倣を行った寄せ集めを意味する。パゾリーニによれば、ガッダは国家語よ
りは地方語を使用し、さまざまな方言を用いているからである。またその作
品は、地方に寄り添い、ある地域に限定されはするものの、方言を用い、そ
の表現方法は自由すぎるほどであった。このような解釈を踏まえてパゾリー
ニは、ガッダの作品を plurilinguismo と呼び、それをオリジナルの文学であ
ると評した。そして、衰退しつつある文学界において、ガッダは根本的な変
化を生み、1900年代の中心的存在となり、国家語に新風を吹き込み、驚異
的な言語使用を実践した本物の第一級作家であると形容したのである（*Ibid.*:
275–278）。

　このように、パゾリーニはガッダのスタイルである plurilinguismo を絶賛
し、偉大な作家の登場を讃えた。それは、plurilinguismo そのものを高く評
価するものであった。

　パゾリーニが、コンティーニによって創出された plurilinguismo という用
語を援用したこともあり、この用語は文学界で広く用いられるようになり、
ダンテやガッダに関する他の書評（Camilucci,1959/1960; Raimondi, 1962）や

詩人ジョヴァンニ・パスコリ（Giovanni Pascoli, 1855–1912）に関する書評
（Mengaldo, 1963; Pianezzola, 1965）においても plurilinguismo は使用される
ようになる。イタリアの文学界において plurilinguismo は「一人の作者、も
しくは一つの作品内での複数の言語スタイルや言葉の使用」[13]を意味する用
語として今や定着している。

　文学作品の批評において、plurilinguismo が使用されるようになると、演
劇作品においても同様の傾向が発生した。その一つは Folena（1958）であ
る。言語学・文献学者のジャンフランコ・フォレーナ（Gianfranco Folena,
1920–1992）は "L'esperienza linguistica di Carlo Goldoni"「カルロ・ゴルドー
ニの言語経験」（1958）において 18 世紀のヴェネツィアの劇作家で喜劇の父
とも称されるカルロ・ゴルドーニ（Carlo Goldoni, 1707–1793）に言語の複数
性が見られることを plurilinguismo と形容した（Folena, 1958）。フォレーナ
によれば、演劇はそもそも貴族のエリートのみが鑑賞するものであった。そ
れが 18 世紀になると社会が変化し、即興喜劇 commedia dell'arte は大衆化
し、多様な観客に向けて上演されるようになった。しかしながら 18 世紀の
ヴェネツィアは商業都市として栄え、コスモポリタン性を備えていたゆえ
に、地域の境界を越えて集う観客が理解できる共通の口語が欠如していた。
そこでゴルドーニはそれらの観客に適応できる演劇言語を生み出していっ
た（Ibid., 23–24）。例えば、Mémoires『回想録』では、フィレンツェ語[14]の
みならずヴェネツィア方言を用い、それが文学言語のフィレンツェ語に劣
らないことを示してみせ、また演劇のタイトルを、キオッジャ[15]方言やヴェ
ネツィア方言、フィレンツェ語に共通する Baruffe『乱闘』と命名し、その
序論においてこれら三つの言語が同格であるとも解説した（Ibid., 27–28）。
フォレーナは、ゴルドーニが実際の生きた言語としてのヴェネツィア方言
や、非文法的でありながら気品ある口語としてのフィレンツェ語、国際的
言語であるフランス語などを使用しながらも、それらすべての根底には方

13　De Mauro (1999) *Grande dizionario italiano dell'uso* を参照。

14　Folena (1958) にはイタリア語、もしくはトスカーナ語と表記されているが、本書での
統一性を図るためにフィレンツェ語と表記する。

15　キオッジャはヴェネツィア県南部に位置する都市。

言があることを指摘している（*Ibid*.: 24–25, 34–35, 45）。フォレーナはこの plurilinguismo と形容したゴルドーニの技法に関して、以下のように評している。

> ゴルドーニに見られる、表現形式や感覚、台詞の隠喩の可変性や多様性は、比類なき演出である。文法以前の純粋なパロールとしての言語を、つまりラングのなかに凝縮され、硬化する前の、生まれたてのはかない状態にある言語を、ゴルドーニ以前には、誰も気にも留めていなかった。
>
> （*Ibid*.: 37/ 筆者訳）

ここでフォレーナはソシュールの用語を用いてゴルドーニの表現手法を分析している。ゴルドーニは可変性や多様性のある表現形式、つまり多彩な言語変種を用い、舞台を生き生きと演出した。その言語変種はラング以前の純粋なパロールで、ゴルドーニのようにそれを表現した者は過去におらず、ゆえにゴルドーニ作品はその表現形式によって他より優れていると主張する。また、この新たな言語の共存関係は、ヴェネツィアという開かれた空間と国際感覚のなかでこそ成立するもので、かつ、舞台感覚と人間性を持ち得たゴルドーニの言語があったからこそ可能であったと評する（*Ibid*.: 37）。

このように、この論文も plurilinguismo に対して肯定的な評価を示している。フォレーナは、もともとヴェネツィア方言は風刺表現や言葉遊びの発展によって更新され、型にはまることなく価値が上昇したと分析している。ゴルドーニの使用した言語も含め、何世紀にもわたって成り立ってきたヴェネツィア文学は plurilinguismo の勝利であると結論付け、これを賞賛している（*Ibid*.: 54）。

この演劇批評における plurilinguismo の用法は、その後も他の評論家（Avelle, 1964; Mengaldo, 1965）によって用いられ、plurilinguismo は演劇において言語使用のスタイルとして定着していった。

1950 年代は、文芸批評において plurilinguismo という概念が誕生し、展開を見せた時代である。用語はペトラルカとダンテの作風を対比するものとして創出されたが、その後、早い段階から、plurilinguismo に対する肯定的

な評価が現れた。この plurilinguismo に関する評価は文学界に留まることなく、その後、言語学界へと展開する。

3.2 文芸批評から言語学へ（1960 年代）

1950 年代以降、文芸批評において plurilinguismo の使用が定着する一方で、1960 年代には、言語学への展開が見られるようになる。

Roncaglia（1962）の辞書学での貢献はその一例である。文献学者アウレリオ・ロンカリア（Aurelio Roncaglia, 1917–2001）はヨーロッパ最古の辞書の一つに関する論文 "Bilinguismo esterno e plurilinguismo interno nelle *Glosse di Kassel*"「『カッセルの用語集』に見られる表面的 bilinguismo と内部的 plurilinguismo」（1962）において plurilinguismo の考察を試みた。*Glosse di Kassel* は 8 世紀から 9 世紀に書かれたドイツ中部のカッセル地方に現存する修道者による手書きの辞書であり、ロマンス語系の見出し語をドイツ語に翻訳した二言語辞書である（Roncaglia, 1962）。

ロンカリアは *Glosse di Kassel* について、表面的にはドイツ語（古代高地ドイツ語）とロマンス系言語との二言語対応のバイリンガル辞書であるが、言語の内部構造の分析の結果、ここには plurilinguismo が認められると指摘した。なぜなら、見出しとなっているロマンス語の音韻に関して、ラテン語や俗ラテン語[16]、プロヴァンス語、フランス語、イタリア語、レトロマンス語の名残があり、なかなか一般化しがたい状況だからである。このように多様なロマンス語系音韻が表れる見出し語を、言語の内部構造から見た plurilinguismo と形容した（*Ibid.*: 347）。

ロンカリアは 9 世紀にその地域[17]において、なぜラテン語を起源とするも

16　原文は basso latino である。latino tardo と同義であり、4 世紀以降のラテン語の進化した段階を指す。

17　ガリア地域東部（現在のドイツ）を指す。紀元前 2〜3 世紀にこの地域はローマの属州であり、ラテン語から派生したガッロロマンツォ語の地域であった。ところが 481 年にフランク諸部族によって統一されフランク王国下に入り、以降、ゲルマン語系の影響を受けるようになる。*Glosse di Kassel* が編纂された 9 世紀は、フランク王国の勢力が弱まり、同じくゲルマン語系・高地ドイツ語を話すバイエルン人による支配が始まっていた時期でもある。そのためロマンス語系言語は当時、存在していたであろうが、この地域での威信は

のの、統一性のないロマンス語を見出し語とする辞書が存在するのか、その
解明を試みている。ロンカリアはこれまでの *Glosse di Kassel* に関する研究
を検討したうえで、この辞書がロマンス語系のガッロロマンツォ語の環境下
で編集され、ドイツのフライジング（ドイツのカトリック教会の大司教区で
あった現在のバイエルン地域）で転写されたと判断する。しかしながら、そ
のロマンス語系言語はガッロロマンツォ語へと集約されたわけではなかった
（*Ibid.*: 349–350）。ロンカリアはさらにこの辞典の歴史的背景をも検証する。
この辞書が編纂されたドイツ中部には土着の古代ローマ文化があり、ローマ
帝国時代に遡るキリスト教会が存続していた。しかし、8 世紀のフランク王
国メロヴィング朝[18] の支配の終焉後には、バイエルンの支配が及ぶようにな
り、バイエルンの教会と司教、つまりバイエルン人によるカトリック支配が
土着のローマ系住民に向けて行われたに違いないと分析する。その状況下で
編纂されたこの辞書には、日常生活や農業、工業などに関する語彙は収録さ
れているものの、教会の教義に関わる専門用語は収録されていない。なぜな
ら、それはローマ系住民がバイエルンの支配下となった教会での労働に関わ
るようになり、バイエルン人修道士との意思疎通のための言語としては日常
の語彙がより重要であり、教義に関わる用語は重視されていなかったからで
ある。辞書に表れているロマンス語系言語の多様性は、その土着の言語グ
ループが持つ言語の多様性を示すものではあるが、それは編纂時に一つの
言語として価値を認められることも規範化されることもなかったのである
（*Ibid.*: 352–353）。

　また、ロンカリアは *Glosse di Kassel* における内部的 plurilinguismo を以下
のようにも解釈している。

　　Glosse di Kassel に見られる内部的《plurilinguismo》は、文学言語として
　　必要な数も規則も持ち得ない少数言語話者の否定的な状況を示す。国家
　　語〔ドイツ語〕とは異なり、少数住民〔ロマンス語系住民〕の言語のなか

低かった。

18　メロヴィング朝（5 世紀後半〜 8 世紀半ば）はフランク王国最初の王朝である。ゲルマ
ン人に起源を持つフランク人、サリ族のメロヴィング家が各部族を統一したことに始まる。

に plurilinguismo を読み取ることができる。なぜなら、少数言語は外部からの影響を受けるばかりで、より複雑になり、理解が困難になるばかりだからだ。

(*Ibid.*: 357/ 筆者訳 /《　》ママ /〔　〕は筆者による補筆)

　この辞書の見出し語に認められる plurilinguismo は少数言語の宿命を示しているのである。バイエルン人がもたらしたルーツの異なるゲルマン語系高地ドイツ語という、威信のある言語の影響を受け、ロマンス語系言語はより多様化した。*Glosse di Kassel* の plurilinguismo は威信の乏しい言語がその形を失ってゆく状況を示しているのである。このようにロンカリアは、ロマンス語系言語が威信の乏しい少数言語であったがゆえに、音韻がより複雑化し、それが辞書に表れたと推察した。

　ロンカリアはそれまで文芸批評において用いられていた plurilinguismo を言語学、なかでも辞書学の分野で見出し語の音韻の多様性を解釈するために使用した。しかし、ロンカリアは単に音韻の複数性の分析に留まらず、その背景をも分析する。ドイツ中部の支配者であるバイエルン人と被支配者であるロマンス語系話者との社会的・政治的関係性を解明するとともに、外的影響を多大に受け、変形されゆく少数言語の変容をも plurilinguismo の内に看取した。つまり、辞書の見出し語に見られる plurilinguismo を社会言語学的視点から考察し、その意義を解明したのである。

　次に、1960 年代の言語学におけるもう一つの参照例として、De Mauro (1963) をあげたい。民主的言語教育の提唱者であるデ・マウロが初めて plurilinguismo を用いたのは、イタリア語の変遷を社会的・歴史的視点から分析した *Storia linguistica dell'Italia unita*『統一イタリアの言語史』(1963) の索引のなかである。

　Storia linguistica dell'Italia unita の本文に plurilinguismo の用語は見られないが、「主題索引」に plurilinguismo は掲載されており、本文中の二か所、17 頁、ならびに 298–301 頁への参照がある。この二か所はいずれも、イタリアにおける少数言語地域である西アルプス共同体を論ずる項である。

　西アルプス共同体とは、イタリア語とイタリア語系変種（リグーリア方言

かピエモンテ方言）、フランス語とフランス語系変種（プロヴァンス語かフランコプロヴァンス語）の四言語併用（もしくはイタリア語系とフランス語系に大きく分けて二言語併用）を維持してきた地域である。イタリアが統一される 300 年前の 1560 年と 1577 年に、その地域を治めていたサヴォイア家によって二言語使用を認める法律が発布されたことや、イタリア統一期にも、サヴォイア家の制定したカザーティ法によって、イタリア語とフランス語の二言語を使用する教育が認められたことなどから、複数言語の共存が保持された（De Mauro, 1963: 17–18, 298–301）。デ・マウロはその状況を以下のように分析する。

> 四言語併用（つまり、リグーリア方言もしくはピエモンテ方言、プロヴァンス方言もしくはフランコプロヴァンス方言、イタリア語とフランス語の相互使用）は少数者と多数者の相互尊重にもとづくもので、今もなお継承されてきた、現実に即した状況の表れである。
>
> （*Ibid.* 17–18/ 筆者訳 / （　）は原文ママ）

デ・マウロが初めて論じた plurilinguismo とは、ある地域において複数の言語が使用されている状態であり、それは言語政策による言語の保護と互いの市民の尊重のもとに保持されてきた実現可能で現実的な状況である。ここでデ・マウロは、それまでイタリアで論じられてきた plurilinguismoとは異なる意味において plurilinguismo を論じた。デ・マウロが考察するplurilinguismo は地理上の言語の複数性とその法的承認を示す。その点で、この plurilinguismo を社会言語学の文脈に位置づけることができる。

　また、外からの影響もイギリスの社会言語学者ノーマン・デニソン（Norman Denison, 1925–2012）の説から読み取れる。デニソンは、ローマにおける社会言語学国際大会において、"Sociolinguistic aspect of plurilingualism"（1969）を発表する[19]。その発表のはじめに「我々が最も目にし、最もよく知ってい

19　イギリスにおける plurilingualism の初出は 1934 年の *The Times*, 16 November 1116/2 に遡ることができる（*Oxford English Dictionary*（Revised 2006））。'Plurilingualism carried a risk of psychological disturbances and impaired the faculty for verbal expression' とあり、バイリン

る plurilingualism[20] の多様性は、バイリンガリズムとの関連で、多く述べられ、語られている」と表明している（Denison, 1969: 255）。つまり、我々にとって身近な言語の複数性はバイリンガリズム研究において既に語られてきたものであるとし、スイスやフリウリ[21] の多言語状況、バイリンガルやコードスイッチングの研究、またデニソン自身の言語変種の研究を振り返りつつ、それらすべてが plurilinguialism の視点を持つ研究であると主張した。

　このように、1960 年代のイタリアでは、それまで文芸批評の概念として定着しつつあった plurilinguismo が言語学の分野へも展開するようになった。そこでは、単に用語が借用されただけではなく、plurilinguismo が前提とする被支配者層や少数言語の特徴、ある地域に複数の言語が存在する状況や言語権の承認が論じられていたのである。plurilinguismo の持つ背景の考察に伴い、社会言語学の視点を持って議論は深化していった。

3.3　言語学から言語教育へ（1970 年代）

　1970 年代になると、plurilinguismo は言語教育の概念へと展開する。これには民主的言語教育の提唱者デ・マウロの貢献があった。

　デ・マウロが 1960 年代までイタリアで議論されてきた plurilinguismo を熟知していたことは論説 "L'Italia multilingue"「多言語のイタリア」(1973) のなかに読み取れる。この論説においてデ・マウロは plurilinguismo[22] を以下のように理解していた。

　　この multilinguismo は、時折議論され、認識されているように、文学に

ガリズムにおける言語の混交に関する文脈で使用されている。「複言語主義」の用語や概念はそれぞれの地域で萌芽し、展開していたと考えられる。

20　当該箇所の plurilingualism は bilingualism と同じ文脈にあり、個々人の複数言語の能力に関して述べていると推測される。ここでは原文（英語）のまま使用する。

21　イタリア北東部に位置し、オーストリアとスロベニアに隣接する。ヴェネト語、フリウリ語、ラディーノ語、スロヴェニア語、ドイツ語などを話す多言語地域。

22　その頃、デ・マウロは plurilinguismo と multilinguismo の使い分けを厳密には区別していなかった。そのため、索引においては plurilinguismo を、参照箇所では multilinguismo を使用している。

よって生み出されたものではない。ダンテやガッダの文学作品において
のみ見られるものではなく、マキャヴェッリの時代からデ・サンクティ
スが散文を手掛けた時代においても multilinguismo は表れているのであ
る。それだけではない。私たち話者の日常的で現実的な経験において
も、また書き手の行為においても見られるのである。

("L'Italia multilingue" 11 gennaio 1973（De Mauro, 1977: 271）/ 筆者訳)

　デ・マウロは、イタリアの multilinguismo（plurilinguismo）はダンテやガッ
ダの文学における言語スタイルの問題に限らないと主張する。デ・マウロ
によれば、イタリアの思想家ニコロ・マキャヴェッリ（Niccolò Machiavelli,
1469–1527）や文学史家のデ・サンクティスにもまた、同様のスタイルが見
られる。特にデ・サンクティスは、1861 年のイタリア統一以降、マンゾー
ニが理想とし推進した単一言語に異議を唱え、方言を擁護した一人である[23]
（De Mauro, 1963: 82）。事実、デ・サンクティス自身の使用する言語は、四
つの異なるスタイルの特徴を保持していた（*Ibid*.: 184）。デ・マウロは、イ
タリアでは文学界のみならず、過去の論者も plurilinguismo の特徴を備え主
張してきたこと、そして現在の我々も同様であると論評している。つまり、
イタリアには常に複数言語が存在し、それを個々人が使用している状態にあ
ると指摘しているのである。

　このように、デ・マウロはイタリアのこれまでの plurilinguismo に関す
る議論も踏まえ、社会言語学的な視点からイタリアの言語状況を理解し
たうえで、言語教育へと目を向けた。それは 10 のテーゼの発表と同年の
論考 "Per una educazione linguistica democratica"「民主的言語教育へ向け
て」（1975a）に明確に示されている。デ・マウロはこの論考のなかで憲法と
plurilinguismo の用語を援用し、複言語教育 una educazione plurilingue の必要
性を訴えている。

　1948 年に施行されたイタリア共和国憲法の言語に関する三つの条文、す
なわち「第 3 条：すべての市民は、対等な社会的尊厳を有し、性別、人種、

23　questione della lingua（言語問題）に関連する。第 1 章を参照のこと。

言語、宗教、政治的意見、身体的および社会的条件による区別なく、法律の前に平等である。」「第 6 条：共和国は、特別の規範によって言語的少数者を保護する。」「第 21 条：何人も、自己の思想を、発言、文書その他あらゆる流布手段により、自由に表明する権利を有する。」[24] を指摘し、この憲法の理念を実現するためにも民主的言語教育が重要であると主張する（De Mauro, 1975a: 116）。

　デ・マウロはこれら憲法の条文を根拠とし、民主的言語教育によって実践されるべき五つの必須条件をあげる。第一に、イタリア共和国はいかなる個別言語にも特権を与えてはならないこと、第二に、いかなる言語変種にも特権を与えてはならないこと、第三に、それぞれの表現形式の平等性を認識すること、第四に、言語を理由に不平等行為を取ってはならないこと、そして第五に、plurilinguismo を制限してはならず、自由な表現に対して圧力をかけてはならないことである（*Ibid.*: 116–117）。ここに plurilinguismo の概念が観察される。デ・マウロは plurilinguismo の概念を備えた民主的言語教育こそが、憲法の保障する言語の平等を実践するものであると主張し、その必要性を訴えたのである。

　また、これまで単一言語を強いてきた教授法を複言語教育に移行させることが容易ではないと予測しつつも、方言や、粗野な下層階級の話し方などを認めることが重要であり、どのような社会階層であっても、すべての生徒を平等に評価することが重要であると説く（*Ibid.*: 118–119）。このように民主的言語教育の必要性を論じたうえで、デ・マウロは具体的な教育政策を次のように提言する。

　　地域や県レベルにおける、教師の再教育センターを組織することを要求する。それは私たちが重視する理論（ことば[25] の複数性とその相互関係）

24　高橋利安（訳）(2018)。第 1 章を参照のこと。

25　本書では「言葉」と「ことば」を区別し、翻訳および使用する。前者は単語や語、言い方などを意味する "parola"、後者はコミュニケーションで使用されることばを意味する "linguaggio" を指示する。なお、"linguaggio" は言語活動そのものや言語活動能力をも意味する。

　　と歴史（イタリアにおける言語環境の複雑な複数言語の層、また学校が
　　無自覚に引き受けている選択的役目）といった民主的言語教育に欠くこ
　　とができない一般概念の基礎を教師に伝えるためである。

（Ibid.: 123/ 筆者訳 /（　　）は原文ママ）

　デ・マウロは複言語教育を具現化するための政策として、言語の複数性に
関する理論や情報を教師に提供することや、教員を養成、再教育するための
センターを各地域に設置することを訴えたのである。
　この論考を検討する限り、10 のテーゼはデ・マウロの教育思想を反映し
ていることが明らかであると同時に、民主的言語教育は plurilinguismo の理
念を内包していることが確認できる。前述した 10 のテーゼ「Ⅷ．民主的言
語教育の原則」の生徒の複言語能力を肯定する姿勢や、「Ⅸ．教師に向けた
新しいカリキュラムのために」や「Ⅹ．結論」で述べられる複言語教育とそ
の政策はデ・マウロの主張そのものである。またこの論考には 10 のテーゼ
には収録されていない提唱者自身の教育理念として、民主的言語教育の五つ
の必須条件も詳述され、複数言語の平等性が強く示されている。
　このように、1960 年代まで文芸批評や言語学界において議論されていた
plurilinguismo は、1970 年代にデ・マウロによって、本来のイタリアの言語
状況であると理解され、多様な言語を容認する複言語教育への転換が訴えら
れた。イタリア共和国憲法は言語の平等を謳っているにもかかわらず、学校
教育ではそれが実現していないことから、言語の複数性を保障する複言語教
育を実践すべきであるとデ・マウロは認識し、イタリアで議論されてきた
plurilinguismo の概念を民主的言語教育へと発展させたのである。

4.　まとめ

　本章では、イタリアにおける plurilinguismo の起源と概念、評価の変容を
検証し、デ・マウロが plurilinguismo に教育的価値を発見し、民主的言語教
育の構想へ至るまでのプロセスを解明した。
　イタリアにおける plurilinguismo は、1950 年代に文芸批評家のコンティー

ニがダンテの言語の複数性に着目し、それを plurilinguismo と名付けたこと
に始まる。その後、パゾリーニが plurilinguismo の特徴を持つガッダの作品
を絶賛したことにより、肯定的な価値が与えられ、その後の文学批評や演
劇批評もそれに続いた。1960 年代になると plurilinguismo は言語学界にお
いても使用されるようになった。ロンカリアは辞書の見出し語に表れる音
韻の複数性を plurilinguismo と形容し、そこに少数言語話者の社会的・政治
的地位や少数言語が外的変化を加えられやすいという特徴を見出した。ま
た、デ・マウロはイタリアの西アルプス地域の複数の言語が存在する状況を
plurilinguismo と呼び、言語権の承認によりその共存状態を維持することを
主張した。そして 1970 年代に、デ・マウロはこの plurilinguismo を民主的
言語教育へと展開させた。

　クルチやオリオレスが論じたように、19 世紀のパウルやシュハルト、ま
た 1970 年代のヴァンドルシュカなどの「言語＝単一言語」という固定概念
を覆す理論の誕生に plurilinguismo の起源を求めるならば、複数言語を話す
行為は長らく否定されていたことになる。それは、単一言語の言語観から逸
脱し、病理学的に異常と認識されていたためである。バイリンガル研究に
おいても、1960 年代まで複数言語話者は知能が劣ると指摘され続けてきた。
つまり、plurilinguismo は歴史のなかでは常に存在してきたにもかかわらず、
受容しがたい概念だったのである。しかし、イタリアに限るならば、1950
年代の文芸批評は plurilinguismo に肯定的価値を見出し、社会言語学的考察
を経て、1970 年代にはヨーロッパの他国にもまして、早くから複言語教育
の応用が試みられたのである。

　その複言語教育の理論化に貢献したのがデ・マウロであった。デ・マウロ
はイタリアにおける plurilinguismo をめぐる議論のなかで、その概念を考察
し、憲法の条文を根拠とし、複数言語が存在する現実とそれを容認および保
障しない学校教育の間に、大きな隔たりを剔出したのである。「民主的言語
教育」はこの隔たりを埋めるために提唱されたものであるが、これはデ・マ
ウロの教育理念としての plurilinguism を明らかに内包しており、欧州評議
会の複言語主義とは起源を異にするものである。

第3章

トゥッリオ・デ・マウロの構想した plurilinguismo

　前章では、イタリアにおける plurilinguismo の起源を明らかにした。1950年代に文学界で unilinguismo との対比として用いられ始めたその用語が、その後、肯定的な概念として承認されるようになり、言語学界でデ・マウロも使用していたこと、またデ・マウロが 1970 年代にその概念を言語教育に援用し、複言語教育として民主的言語教育を構築したことを解明した。本章ではその plurilinguismo がいかなる概念を持って言語教育に応用されたのか、その展開を明らかにするため、民主的言語教育の提唱者デ・マウロの言説を分析し、考察する。

　デ・マウロはイタリアの一般言語学者・言語哲学者である。1932 年にナポリ県トッレ・アンヌンツィアータ市の薬剤師の家系に生まれ、ローマ・サピエンツァ大学の文学哲学部に学び、研究者としての道を歩んだ。2017 年にローマで没するまで、その活躍は留まることなく、学界においてはローマ・サピエンツァ大学の文学哲学部の学部長や複数の学会の会長、また、政界においてはラツィオ州の評議会議員や第二次アマート政権（2000–2001）の公教育大臣などを務めている。デ・マウロの研究分野は幅広く、インドヨーロッパ語研究に始まり、イタリア語史、意味論・語彙論の歴史理論研究、ギリシャ語統語論、言語概念・言語研究史、言語哲学、教育言語、言語

教育、学校教育問題にまで及んだ[1]。生涯を通して数多くの執筆を行ったが、なかでもイタリア語史や言語教育に関する評論や論文において、1960 年代から plurilinguismo という用語を用いていた。

そもそも言語学者であったデ・マウロが、イタリアはもとよりヨーロッパの言語教育にも認識されていなかった plurilinguismo という概念を、いかにしてイタリアの言語教育に導入したのか。

そこで本章では、デ・マウロが文学界から plurilinguismo の着想を得て、言語教育に応用するまでの 1960 年代から 1970 年代に手掛けた著書のなかで、この用語が使用されている文献を分析し、その概念を明らかにする。分析の対象は *Storia linguistica dell'Italia unita*『統一イタリアの言語史』(1963)、*Le parole e i fatti*『言葉と行動』(1977)、"Il plurilinguismo nella società e nella scuola italiana"「イタリアの社会と学校における plurilinguismo」(1975b) の三つとし、それぞれ、デ・マウロによる着想、構想、集成に分け、考察する。またその概念が何に由来し、いかに言語教育に内包されたかを解明する。

1. デ・マウロの plurilinguismo の概念

1.1 plurilinguismo への着想

前章で言及したように、デ・マウロが初めて plurilinguismo という用語を用いたのは、イタリア国家統一の 1861 年から 1960 年までのイタリア語の変遷を社会的・歴史的視点から分析した *Storia linguistica dell'Italia unita* (1963) においてである。これはデ・マウロの第一の著書でもある。plurilinguismo は本文にはこの形態では使用されていないが、巻末の「主題索引」に確認され、本文中の 2 か所を参照するよう指示されている。

初出の参照箇所は 17 頁にある。イタリアが他の地域とは異なる言語的状況を持ち、イタリア統一期も近年も、依然、少数言語を内包しているとの記述がある。西アルプスの共同体においては、イタリアの自由な法の下に、その摩擦や障害が取り除かれており、その状態を四言語併用 quadrilinguismo

---

1 Gensini *et al.* (2018: 3–13) を参照。

（リグーリア方言かピエモンテ方言、プロヴァンス方言かフランコプロヴァンス方言、イタリア語、フランス語が相互使用されている状態）と形容している。

　イタリアには複数の少数言語が存在しているが、ここは西アルプス共同体の少数言語について論ずる箇所である。西アルプス共同体はフランス語、フランス語系のガッロロマンツォ語（プロヴァンス方言とフランコプロヴァンス方言）、イタリア語、イタリア語系のイタロロマンツォ語（リグーリア方言やピエモンテ方言）を話す地域である。四言語使用は法的にも認められており、その状況を四言語併用 quadrilinguismo と呼び、それは実際の状況であると記述している。

　その地域に関して詳述しているのが、次に索引が指示する 298–301 頁である。そこでは、イタロロマンツォ語とガッロロマンツォ語の言語境界線はイタリア半島全体に見られる現象を表す顕著な証拠であるとしている。ピエモンテ州、つまり西アルプス地域に関しては、イタリアの国家統一より 300 年も前の 1560 年と 1577 年にサヴォイア家によって二言語使用を認める法令が発布され、それにより政治の保護のもとで二言語併用 bilinguismo[2] の聖域が形成された。そのため、イタリア王国統一期の 1859 年に同じくサヴォイア家の下で定められた教育法、すなわちカザーティ法ではフランス語圏におけるイタリア語とフランス語の二言語を使用する教育が認められた。その後、ファシズム政権[3] が崩壊すると、今度は自由な法制度[4] の下で再びその権利が守られることになる。これがこの地域において少数言語であるフランス語を保護する要因となり、年月を経てもなお、イタリア語とフランス語が共存する状況になったとデ・マウロは分析する。

　この 2 か所は両者とも西アルプス共同体の少数言語の状況を分析する

2　17 頁の quadrilinguismo とは異なるが、ここでは大きくフランス語系とイタリア語系の言語に分け、bilinguismo と述べていると考えられる。

3　当該箇所では詳しく述べられていないが、ファシズム時代にムッソリーニにより、この地域でイタリア人労働者移民政策が推進されたことによりイタリア語化が進み、フランス語使用が大きく後退した（バッジオーニ，2006: 412–413）。

4　Costituzione della Repubblica italiana, Art. 6, 1947; イタリア共和国憲法第 6 条「共和国は、特別の規範によって言語的少数者を保護する」を指す。

ものであり、それはイタリアの一地域の例示であるが、広義に解釈する
ならば、plurilinguismo はある地域における複数言語の共存を意味して
いる。そしてこの地域が二言語併用 bilinguismo、もしくは四言語併用
quadrilinguismo の状況にあることを表している。また、その多言語地域で
は、複数の少数言語に政治的な権利が与えられ、認められていることから、
plurilinguismo は法的に複数の言語を承認する言語政策の意味も内包してい
る。このことから、デ・マウロは 1963 年の段階で plurilinguismo をある地
域に複数の言語が存在する状況とそれを認める政策を指示する概念と理解し
ていることがわかる。

1.2 plurilinguismo の構想

Storia linguistica dell'Italia unita（1963）の刊行後、デ・マウロは
plurilinguismo の概念を共産党夕刊紙 *Paese Sera*『夕暮れの国』に寄せた評
論で使用する。デ・マウロは青年期より左派のイタリア自由党に入党するな
ど政治に強い関心を寄せており、1975 年から 1980 年にかけてはイタリア共
産党から無所属議員としてラツィオ州の評議会議員に選出された経歴もあ
る。ちなみに、1970 年代の共産党には、共産党の完全な党員でもなく、そ
の綱領に完全に従うわけでもないが、ある程度合意している者で形成され
たリストから議員を選ぶ Sinistra Indipendente という仕組みがあった。デ・
マウロはそのリストに並ぶ一人であった。デ・マウロは評議会議員として
選出される以前の 1966 年から 1977 年まで *Paese Sera* に定期的に評論を掲
載していた。それらは再録され著書 *Le parole e i fatti*（1977）となったが、
そのうちの 1974 年から 1976 年にかけての評論に plurilinguismo（5 か所）、
plurilingue（1 か所）、plurilinguistico（1 か所）という語が散見される。それ
らの意味は一致しておらず、明確な定義は認められないものの、これらを意
味内容によって整理し区分すると三つの要素に分類することができる。

　まず初めに、イタリア統一期の言語状況について記された評論を検討す
る。

　　方言の伝統、つまりイタリア国家の言語的伝統ともいえる plurilinguismo

の復権は、100 年前のデ・サンクティスやコンパレッティ、アスコリに
とっては文化や政治の政策の一つであった。それは今日においても、庶
民階級がほとんどを占めるという実際の状態やその要求に応えるため
に、学校制度を真に開放する政策の本質的な要素として存在する。

("La funzione dei dialetti" 11 ottobre 1974

（De Mauro, 1977: 230）/ 筆者訳）

　ここでの 100 年前とは 19 世紀半ばのイタリア統一期を指す。その時代ま
でイタリアは小国に分かれており人の移動が制限されていたことから、コ
ミュニケーションが取れないほど異なる方言や、過去の入植において残され
た言語が少数言語として各地に存在していた。そのような状況下で教育省の
委員長となったマンゾーニはフィレンツェ語を唯一の言語として統一を図っ
たが、その言語政策に異議を唱えたのが哲学者のデ・サンクティスやコン
パレッティ（Domenico Comparetti, 1835–1927）、言語学者のアスコリであっ
た。デ・マウロによれば、この学者たちは plurilinguismo の復権を主張して
いた。デ・マウロはこれらの哲学者や言語学者の概念を引用し、イタリアの
伝統としての方言などを今日の文化や政治の政策、および学校制度に反映さ
せることを提言している。

　この plurilinguismo はイタリア国家において方言などの複数言語が共存す
る状態を指示していると理解できる。さらに、デ・マウロはその状態を取り
戻すための政策をも構想していたのである。

　続いて劇作家ジュリアーノ・スカビア（Giuliano Scabia, 1935–2021）に言
及した評論を検討する。

　〔言語について〕もし、発展的で実践的なスカビアの試みを同じように
たどるとするならば、新しい創造の視点を持って、近年、空間や文化層
を自由に往来していることに気が付く。当然とされていた区分や境界を
新たに議論しながら、また、すべての者に対し、私たちのあらゆる文化
的資源に由来するふさわしい表現形態を使う感覚や能力を促進させなが
ら。この試みは特権を持つわずかな人のためだけではない。それはまさ

に、グラムシが観取していたように、またチェッローニも近年、繰り返したように、plurilinguismo が勝ち残り、本来備わっている異種混交性のなかに、国家の特有性が見られることである。

("Cultura francescana" 27 febbraio, 1976 (Ibid.: 265) /
筆者訳 /〔 〕は筆者による補筆)

　スカビアはイタリアの諸言語を用いつつ、誰もが理解できる言語を模索していた。スカビアの試みた言語への新たな挑戦はイタリアという国に存在する複数言語を再認識させるもので、それらの言語を用い、言語の境界を越える可能性を示唆している。デ・マウロはスカビアを参照しつつ、同様に言語の複数性を認識していたマルクス主義の思想家でイタリア共産党の創始者であるアントニオ・グラムシ（Antonio Gramsci, 1891–1937）や法学者であるウンベルト・チェッローニ（Umberto Cerroni, 1926–2007）に言及し、その主張の正当性を訴えている。例えばグラムシはサルデーニャ島の出身であり、さまざまなコミュニケーション場面で頻繁にサルデーニャ語を用いていた[5] と同時に、イタリアに当時もなお、多くの個別言語があることを認識していた（Carlucci, 2005: 63, 65-66）。彼らが考えたように、イタリアでは plurilinguismo が「勝ち残」った。つまり、イタリアには複数の言語が現在も滅びることなく残り、存在している。これがイタリアの特性であり、価値のある文化であるとデ・マウロは確信している。このような文脈を見ると、ここで用いられている plurilinguismo はイタリアという地域に複数言語が存続し、共存している状態を指すことが判明する。

　次に詩人・映画監督のパゾリーニの言語体験に言及する評論を検討する。

　20歳のパゾリーニにとって、イタリア社会は未だ、豊かな複言語 plurilinguistiche の枠や層のすべての豊かさがあった。（中略）　1940年頃、彼はレッジョ・エミリアとボローニャで高校や大学に通い、夏にはカザルサに滞在した。パゾリーニはエミリア方言やカザルサの西フリウ

5　グラムシは母に宛てた手紙や獄中などでサルデーニャ語を用いていた（Carlucci, 2005: 61, 77）。

リ語、またおそらく、ブルジョアの都会的なヴェネト語、そして当然、
学校やラジオのプチブルジョア的なイタリア語の使用を体験している。
("Pasolini: della stratificazione delle lingue all'unità del linguaggio"
ottobre 1976 [6] (*Ibid.*: 249) / 筆者訳)

　ここでデ・マウロはパゾリーニが若かりし頃に過ごした環境に言及しなが
ら、パゾリーニがいかに多様で豊かな言語状況に身を置いていたかを例証
している。イタリア中部のボローニャに生まれたパゾリーニは学生時代を
そこで過ごし、夏に滞在したイタリア北東部の少数言語地域であるヴェネ
ツィア・ジュリア州のカザルサでは西フリウリ語やヴェネツィアの言語に触
れていた。また、地域的領域だけではなく、学校やメディアなどの社会的
領域が異なる言語も知っていたとデ・マウロは言及している。デ・マウロ
はパゾリーニの経験を通じて、イタリアの豊かな言語状態を喚起しており、
plurilinguismo はそのような状況の記述に用いられている。
　これら三つの引用を検討すると、plurilinguismo という概念はイタリアと
いう地域や国家に複数の言語が共存している状態を示していることが判明す
る。*Storia linguistica dell'Italia unita*（1963）は、西アルプスに言及するのみ
であったが、この三つの例は西アルプス地域に限らず、イタリア半島にある
少数言語やイタリアの変種としての方言だけではなく、社会階層によって異
なる言語も含まれている。デ・マウロはそのような多様な言語状況を意義あ
るものと判断し、それら言語を承認する政策をも構想していた。
　次に、スペインのカタルーニャにおける反政府活動家サルバドール・プッ
チ・アンティック（Salvador Puig Antich, 1948–1974）に対して死刑が執行さ
れた出来事[7]について言及した論評を検討する。

　とにかく、それ〔アンティックの事件〕に向き合い、考察するならば、
plurilinguismo というものは問題となる。まず、現実的な視点から、つ

6　原本に日付の記載なし。

7　カタルーニャのサルバドール・プッチ・アンティックは反政府組織の資金調達のため銀
行強盗を繰り返した罪で 1974 年に死刑となった。

まり現在、世界で話されている言語はいくつなのかという点からの問題
である。(中略) 30 年代初頭の民族学辞書では 12,000 以上の言語の異な
る民族社会のグループを数えた。それに対し、他の研究者たちも、地域
の純粋さを持たない個別言語を参照しながら、ある領土における地域方
言のバリエーションを知ることに価値を置き、いくつかの個別言語は
3,000 以上に達するとも判断する。

("Esperanto e Babele" 22 marzo 1974, (*Ibid.*: 281) /

筆者訳/〔　〕は筆者による補筆)

　デ・マウロはナショナリズムが引き起こす悲壮なカタルーニャの事件を例
として、このようなナショナリズムは常に言語の問題を伴うことを指摘して
いる。その例として、世界には言語が異なる数多くのエスニックグループが
存在しているうえに、個別言語によっては 3,000 以上の言語（変種）を包括
していることをあげている。このことからデ・マウロは多くの言語がこの世
界に存在し、その一つの個別言語たりとて、いかに複層的で、純粋ではない
かを明示している。
　デ・マウロのこの見解から、この文脈における plurilinguismo の概念は一
言語＝単一で純粋な言語ではなく、一つの言語が複数のバリエーション（変
種）を内包することであると判明する。デ・マウロがカタルーニャを参照の
うえで主張したかったことは、ナショナリズムの内包する言語観である。言
語のように複層的で分割が困難なものはナショナリズムの一国家一言語、一
民族一言語という考え方と共存しえない。そのため、ナショナリズムに対峙
する時、plurilinguismo は問題になるのである。
　次に、移動型民族であるロマの言語について述べられた評論を検討する。

　〔ロマに関して〕ヨーロッパ、いやイタリアやその各地方をさすらう多く
　のグループの話し方は、異なる多彩なモザイクである。gagè の話し方に
　類似したさまざまな段階があり、より古典的なジプシー〔原文翻訳ママ〕
　の個別言語を保ち、交差させたものである。ジプシー〔原文翻訳ママ〕
　にとって、言語の国語純化論やナショナリズムを植え付けることは知る

ところではない。彼らは、慣習の奴隷にはならず、理解させるため、ま
た理解するために言葉を操っている。よって、二言語、もしくは複言語
plurilingue 環境に入れられた子供たちは自由な使用と柔軟さを持って、
必要に応じて、言葉を形作り、変形させ、混合させ、循環させる。

("Zingari: perché la persecuzione" 29 agosto 1975,（Ibid.: 302–303）/
筆者訳 /〔　　〕は筆者による補筆）

　ロマはインド・イラン語系のロマニ語という個別言語を話すが、国境をま
たいだ移動生活を続けるため、その個別言語は同じ民族であっても当然同
質のものではない。なぜならロマたちは彼らが持つ言語に、各地域の「gagè
の話し方」を自由に、また柔軟に取り入れているからである。gagè とはロ
マがロマではない者を呼ぶ呼び名である。例えばイタリアをさすらうロマに
とってイタリア人は gagè である。この gagè の影響を受けたロマの言語は一
つの個別言語であっても多様であり、デ・マウロはそれを「異なる多彩なモ
ザイク」と表現し、その言語環境を複言語 plurilingue 環境と形容している。
つまり、plurilinguismo とはロマの個別言語のように各地の言語の影響を受
け、それらの規則や性質を包含した多様で複層的な言語を指すのである。
　この二つの引用から、デ・マウロが plurilinguismo について、一つの個別
言語であっても、それは純粋なものではなく、変種を内包しており、外部か
らの影響を取り入れ、多様に変化している状態と認識していることが明らか
である。つまり、plurilinguismo は一つの個別言語が他の言語のさまざまな
規則や性質を持つ状態を意味している。
　本節の最後に、パゾリーニの言語体験に関する論説を再度取り上げ、検討
し、plurilinguismo のもう一つの要素を明らかにする。

　パゾリーニの全体的な特性は、彼が控えめな人物であったことと、イ
タリアの特徴である plurilinguismo の真の使用者だったことである。パ
ゾリーニはある plurilinguismo を実践に移した考案者で、またある
plurilinguismo を鋭い内省の手段として用いた批評者だった。それは他の
試みから見ても、冷静であり、実証にもとづいており、先見性があった。

("Pasolini: della stratificazione delle lingue all'unità del linguaggio"
ottobre 1976,（*Ibid.*: 249）/ 筆者訳)

　ここでデ・マウロはパゾリーニの人物像に加えて、使用する言語の特殊性を強調している。そして、パゾリーニが真の plurilinguismo の使用者であったと述べている。しかし、なぜデ・マウロはパゾリーニを真の plurilinguismo の使用者であり、また、考案者であり、批評者であると評したのか。その理由を後の文脈をもって検証する。

　　イタリアの plurilinguismo に関して、パゾリーニはコミュニケーションのためだけではなく、文学や芸術の創造のためにも使用していた。
　　カザルサでは今でも 80％の住民がイタリア語ではなく地域の個別言語を話すことを好むが、そこへ帰省するなかで、パゾリーニは母なる西のフリウリ語に憧れ、大胆な試みを行った。それは偉大なエルメティズモの詩や、ヨーロッパの印象派やフランス語、英語、イタリア語をフリウリ語に適応させ、翻訳するものだった。そこでパゾリーニは《方言による詩には限界がある》という答えに達した。
　　　　("Pasolini: della stratificazione delle lingue all'unità del linguaggio"
ottobre 1976,（*Ibid.*: 250）/ 筆者訳 /《　》は原文ママ)

　パゾリーニは青年期に、イタリアの豊かな言語環境に生きるなかで、各地で複数の言語体験をしたと言及した。その言語体験はパゾリーニ個人に眠っていたわけではない。蓄積された言語体験は、コミュニケーションだけではなく、創作活動にも表れた。その一例は、ここに示されているように、他の言語で書かれた作品を少数言語である西フリウリ語を用いて翻訳することであった。また、パゾリーニは、イタリア語そのものを疑問視し、真の国語としてのイタリア語は存在しないという前提条件で、今後は科学技術などの新語を取り入れた北イタリアの工業地帯の言語を中心に据えるべきだとい

う論を主張していた[8]。それらの事実からするとデ・マウロが、パゾリーニを plurilinguismo の使用者であり、考案者であり、それを内省手段として用いた批評者であったと述べたことも妥当である。

　このパゾリーニに関する記述から導き出される plurilinguismo とは、ある個人が表現する際に複数の言語を使用する行為であり、その能力を意味する。その複言語能力はコミュニケーションにおいても、ある作品の創作においても使用されるものである。デ・マウロにとって、パゾリーニとは plurilinguismo の能力を持ち、実践していた一人なのである。

　ここまでをまとめると、*Storia linguistica dell'Italia unita*（1963）では plurilinguismo は西アルプスのフランス語とイタリア語の二言語併用が政治的に認められた地域を指示する用語に留まっていたが、*Le parole e i fatti*（1977）では plurilinguismo の概念を、イタリア半島全体を対象とした「ある地域に複数の言語が存在する状況」、国家の言語やロマの個別言語を前提にした「ある言語（個別言語）に内在する他の言語の多様な規則や性質」、またパゾリーニを複言語使用者として参照した「個人が持つ複数の言語能力」へと拡張させていることが判明する。デ・マウロはこの共産党紙 *Paese Sera* の文化欄における自由な文筆活動を通して plurilinguismo の思想を多様な角度から熟考していたことが読み取れる。

1.3　デ・マウロ自身による **plurilinguismo** の集成

　民主的言語教育を発表した 1975 年にデ・マウロは plurilinguismo と学校教育に関する論考、"Il plurilinguismo nella società e nella scuola italiana"（1975b）を執筆している。その論考において、デ・マウロは以下の通り自ら plurilinguismo における三つの要素を明確に、また端的に表している[9]。

8　パゾリーニは "Nuove questioni linguistiche"「新たな言語問題」（Pasolini, 1964）において、普及し始めた科学技術用語がイタリア語に多大な影響を与えており、その領域が社会のあらゆる領域を対象として、各方面の言語を統一化する傾向があると考え、過去の堆積と現在の状況とを包摂し、集成し得る新しい言語として linguaggio tecnologico を模索していた（鈴木，2010: 5–6）。

9　Lo Duca（2013: 61）はこの部分をデ・マウロ自身による plurilinguismo の定義として参照している。

plurilinguismo とは、さまざまなタイプのことば（口頭、身振り、iconico など）、つまりさまざまなタイプの記号の共存、異なる個別言語の共存、同一の個別言語を実現するさまざまな規則の共存を意味する。それは人類の、すなわちあらゆる人間社会の永続的条件であるように思われる。

（De Mauro, 1975b: 124/ 筆者訳 / 斜体ママ）

　この引用の指摘する plurilinguismo の三要素とは「さまざまなタイプのことば（口頭、身振り、iconico など）、つまりさまざまなタイプの記号の共存」、「異なる個別言語の共存」、「同一の個別言語を実現するさまざまな規則の共存」である。

　第一の要素は「さまざまなタイプのことば（口頭、身振り、iconico など）、つまりさまざまなタイプの記号の共存」である。ここでのことば linguaggio とは伝達やコミュニケーションにおける言語の意味であり、そのなかに口頭や身振り、そして iconico などの記号が含まれると述べている。この iconico とは icona の形容詞であり、日本語ではイコンと訳される。イコンとは記号論の用語で、「示された現実との類似関係を持つ記号」[10] を意味する。この論文には伝達における言語のイコンについて説明はないが、これと同年に執筆された "Per una educazione linguistica democratica"「民主的言語教育のために」（1975a: 121）を参照すると、口頭ではない他の伝達手段として、手振り mimico、身体表現 figurativo、身振り gestuale、音楽 musicale などをあげている。このことからイコンとは、コミュニケーションで利用できる、手振りや身体表現などの表象を表していることがわかる。つまり、「さまざまなタイプの記号」とは口頭、身振り、そして手振りや身体表現を指す。すなわち、plurilinguismo の第一の意味は、伝達手段として言語をとらえた場合、口頭だけではなく、ジェスチャーやその他の表象などを含めるもので、多様な記号が存在する状態を示している。これは *Storia linguistica dell'Italia unita*（1963）や *Le parole e i fatti*（1977）では言及されていない事象である。

　第二の要素は「異なる個別言語の共存」である。これに続く節には、イタ

10　デ・マウロが編纂した辞書、*Grande dizionario italiano dell'uso*（1999）の意味を参照。

リアには誰もが知っている矛盾があることを強調する。それは、異種の個別言語、つまり 10 以上の少数言語や、無数のイタリア語方言が存在している状況である。これは *Storia linguistica dell'Italia unita*（1963）や *Le parole e i fatti*（1977）で見られた plurilinguismo の概念の一つ、ある地域に個別言語が複数存在する状態に対応している。

　最後の要素は「同一の個別言語を実現するさまざまな規則の共存」である。これに関して、「現在、多くの移民を介してなされる人工的言語や形式的言語、もしくは科学形式的言語の異例の発展は、（…）想像を超えて、人間社会の複言語能力 la capacità di plurilingue を高める」とデ・マウロは説明を加えている（De Mauro, 1975b: 124）。ここで人工言語や形式的言語、科学形式的言語は明確に定義されていないが、エスペラントのような言語を指すと考えられる。なぜなら、デ・マウロはエスペラントについて国際的言語としての役割を果たすために、入念に創造された人工言語であると述べているからである（De Mauro, 1977: 283）。エスペラントの語彙はロマンス語とゲルマン語のなかで最も共通した語根が選ばれており、文法も現代ヨーロッパの諸言語の文法を簡略化したものである（プリバー，1957: 33–36）。このようにエスペラントは複数言語の規則や語彙から創造された言語であり、ここで述べられている「同一の個別言語を実現するさまざまな規則」を持つ。とはいえ、これはエスペラントのような人工言語に限ったことではない。例えば *Le parole e i fatti*（1977）で言及するように、一つの個別言語が 3000 もの変種を内包していることや、ロマの個別言語が地域言語の影響を受けて多様性があることにも共通する。つまり、第三の plurilinguismo の要素は、ある個別言語が複数の言語変種、あるいは他の個別言語の要素を持ち、言語規則が単一ではない状態を示している。

　この引用にある三要素を明瞭に規定すると、plurilinguismo は、コミュニケーションで使用されることばに多様な記号が存在する状態や、ある地域に複数の言語が存在する状態、また、ある個別言語にさまざまな言語規則が共存する状態を意味するといえよう。

　これら 1960 年代から 1970 年代のデ・マウロの思想を追う限り plurilinguismo は多義的であるが、それは大きく三つに分類できるといえよう。第一に、言

語の複数性に関わる特徴を示す「複言語状態」である。それは、西アルプスやイタリアといった"ある地域において複数の言語が共存している状態"や、ロマニ語やエスペラントといった"ある個別言語にさまざまな言語規則が共存する状態"、また手振りや身体表現などを含め"伝達手段のことばに多様な記号が存在する状態"の三つの要素がこれにあたる。第二に、多言語地域において政治的に複数の言語の使用を認める政策を示す「複言語政策」である。それは西アルプスを例とする、現実に即し多様な言語を保障する政策である。第三に、個々人が言語体験によって蓄積した複数の言語を用いる能力を示す「複言語能力」である。例えばパゾリーニのように、多様な言語をコミュニケーションや創作活動で用いる能力である。

　これらがデ・マウロの考える plurilinguismo の概念であり、民主的言語教育へ発展する言語思想であった。ではなぜ、デ・マウロはこのように plurilinguismo を理解するに至ったのか、またなぜ、この plurilinguismo が言語教育へ向けられたのか、ここまでのところ明らかではない。そこで、この plurilinguismo の思考の根源を明らかにし、民主的言語教育に着手した要因を解明したい。

2.　デ・マウロの plurilinguismo の由来とその展開

　plurilinguismo は 1951 年にコンティーニが文芸批評の文脈において使用して以降、「一人の作者、もしくは一つの作品内での複数の言語スタイルや言葉の使用」として用いられていたが、1963 年にデ・マウロは言語学の文脈へと借用し、1970 年代に展開させ、「複言語状態」「複言語政策」「複言語能力」へと発展させた。本節では、これらの概念が何を由来とし、なぜ言語教育へ方向づけられたのか考察する。

2.1　言語学研究を起源とする plurilinguismo

　まず plurilinguismo の「複言語状態」と「複言語政策」の起源を検討する。そこで、デ・マウロの一般言語学と社会的・歴史的言語研究の成果を振り返りたい。デ・マウロの言語観にはソシュール研究が大きく影響して

いる。デ・マウロは言語学者フェルディナン・ド・ソシュール（Ferdinand de Saussure, 1857–1913）の弟子たちが既に出版していた *Cours de linguistique générale*『ソシュール一般言語学講義』(1916) をイタリア語に翻訳し、第三者の論文や批判を加え解説した *Corso di linguistica generale / Ferdinand de Sassure; introduzione, traduzione e commento*『「ソシュール一般言語学講義」校注』（デ・マウロ, 1976）を 1967 年に出版しており、ソシュールの理論に傾倒していた。

　まず、「複言語状態」の第一の要素、"ある地域において複数の言語が共存する状態"を考察すると、これはソシュールの「地理的多様性の複合化」の考え方と一致する。ソシュールは、同一地点における複数の言語の共存を論じ、その例として、アフリカの現地語と植民地化によってもたらされたオランダ語や英語の共存や、自然発生的な個別言語と文学言語[11]の二言語使用などをあげている（デ・マウロ, 1976: 239–242）。また、「地理的多様性の諸原因」という概念もデ・マウロの主張に近い。たとえある地域において、同じ言語が一律に話されていたとしても、言語活動に絶対的な不動というものは存在しないため、時間の経過とともに言語は進化する。また、その進化は一様でないため、多様に変異する（*Ibid.*: 245）。

　デ・マウロはこのようなソシュールの理論を援用し、*Storia linguistica dell'Italia unita* (1963) では統一前後のイタリア半島の言語現象を観察し、少数言語だけではなく、方言に関しても多くの先行研究にもとづく考察を行った。デ・マウロはその言語状況について、アスコリの表現を借りて、「イタリアはローマ統治崩壊以降の 3，4 世紀から 1861 年の統一まで同質性を保つ求心力がなく、地域ごとに言語の不一致が生まれた」（De Mauro, 1963: 22）と分析し、その言語の不一致を「方言の《森》」と形容し、歴史的な視点から、異なる個別言語や方言の《森》が形成されてきたと論じている

11　文学言語に関して「もっと一般的な意味で共同体全体のための文化的言語と解する。（中略）文学言語は一朝一夕で溶け込むことはないので、住民の大部分は二言語使用となり、すべてのひとの言語とともに、地方俚語を話す」（デ・マウロ, 1976; 241）と解説する。つまり、文学言語とは、文字化された文化的に高次の言語であり、共通語や統一言語になり得るものである。

(*Ibid.*: 25–29)。また、この異なる個別言語が意思疎通をも困難にしていたことも指摘し（*Ibid.*: 42）、各方言の音声、形態、語彙、統語の構造の差異を先行研究から分析している（*Ibid.*: 372–404）。

　これらの分析を見ると、デ・マウロがある地域において複数の言語が共存する状態を普遍的事象と認識しており、その状況を可能にするための政策として「複言語政策」に考えが及んでいたことが判明する。

　次に「複言語状態」の第二の要素、"ある個別言語にさまざまな言語規則が共存する状態"の起源を考察する。これはソシュールの最も重要な概念の一つであるラングとパロールに一致する。ラングはそれ自体一つの全体であり、分類の原理を構成する。一方、パロールは意思と知性の個人行為である。パロールによる思考の外化はラングによって個人に約束されている。しかし、その表出は付随的で、多少なりとも偶然なものとなる（デ・マウロ，1976: 18–26）。ラングはコード（規則）を持ったある言語であり、個人の言語活動はその規則性に従って行われるものの、ひとたびパロールとなって音韻化され表出されれば、完全にラングに一致することはなく、単一なものでも純粋なものでもなく、そこには豊かなバリエーションがある。

　また、ソシュールは個別言語についても以下のように主張する。「イディオム（特有語[12]）という用語は、ある共同体に個別の特徴を反映するものとしての言語を極めて的確に示して」おり、「ごくわずかな程度しか違わない特有語は、方言と称される」と明言する（*Ibid.*: 236）。ここでのイディオムとは個別言語のことである。つまり、ある個別言語にはわずかの差がある言語（変種）が方言として存在すると強調するのである。

　ソシュールのこの二つの概念は、一つの個別言語にさまざまな言語が共存するという複言語状態を想起させる。一つの個別言語の内部に規則が異なる多様な言語変種が存在することが plurilinguismo であるという認識をデ・マウロが持ったのは、このソシュールの理論を熟知していたからに他ならない。

　最後に、「複言語状態」の第三の要素、"伝達手段のことばに多様な記号が存在する状態"の起源を考察する。デ・マウロが「記号」としてあげたの

12　原文は idioma である。山内の訳は「特有語」であるが、イタリア語におけるイディオム idioma は「個別言語」を指す。

は、「口語、身振り、イコン iconico」であったが、ここで着目するのは「記号」や「イコン」といった記号学の用語である。これらはソシュールと哲学者チャールズ・サンダース・パース（Charles Sanders Peirce, 1839–1914）の理論に起源がある。

　まず記号に関しては、ソシュールの理論があげられる。ソシュールは、言語の記号は概念を表すシニフィエと音響イメージを表すシニフィアンによって構成されていると定義した。このシニフィエとシニフィアンの関係は恣意的であり、たとえパントマイムのような全く自然な記号にもとづく表現形式に関しても記号の恣意性に基礎を置くと考えていた（*Ibid.*: 86–89）。このことから、ソシュールにとってパントマイムも記号の一つであったことがわかる。その後、パースはソシュールによってわずかに素描きされた記号学を精緻化し、記号を恣意性の大小の度合いにしたがって、イコン、インデックス、シンボルに分類し（*Ibid.*: 461）、パースはこれら三つの記号のなかでイコンがシニフィエに最も類似した記号と定義づけた[13]。デ・マウロが使用するイコンはパースのそれであり、イコンをシニフィエに最も類似した記号として認識し、手ぶりや身体表現を示す用語として使用した。

　このように、デ・マウロは記号学の視点にもとづき、ことばにはさまざまな記号が存在すると考えた。そしてその一つ、身振りに関してデ・マウロ自身「当然ながら、聴覚＝発声的なコミュニケーションに劣らず、豊かに分節された身振り＝視覚的なコミュニケーションは確かに可能である」（*Ibid.*: 419）と解説していることから、コミュニケーションの際、身振りも口語に劣らず意味を伝達する大切な記号であると認識していた。したがって、デ・

13　パースの論を詳述すると、記号と対象との関係は、第一に、「記号がその対象とある性質において類似し、その類似性に基づいてその対象の記号となる場合」、例えば、あるものと写真のような主として類像的な関係となる「類似記号（icon, iconic sign）」、第二に、「記号がその対象と事実的に連結しその対象から実際に影響を受けることによってその対象の記号となる場合」、例えば、風向きと風見鶏のようなもっぱら近接的関係となる「指標記号（index, indexical sign）」、第三に、「記号が第三次的にその対象を表意する時、すなわち記号がもっぱら第三のもの（精神、心的連合、解釈思想）の媒介によってその対象と関係づけられる場合」、例えば、音声と文字のような主として一般的約定的な関係である「象徴記号（symbol, symbolic sign）」の 3 種に分かれる（米盛, 1981; 143–144; 有馬, 2014; 12）。

マウロは伝達手段としてのことばにさまざまな記号が存在することを明言
し、それら記号に口語と変わらぬ価値を見出していた。

2.2　政治思想を起源とする plurilinguismo

　次に、「複言語能力」としての plurilinguismo の起源を検討する。デ・
マウロはパゾリーニの言語使用にもとづき、言語体験によって蓄積され
た複数言語を、コミュニケーションや創作活動において用いる能力が
plurilinguismo であるととらえた。

　デ・マウロがパゾリーニの言語活動を plurilinguismo と形容したのは、そ
れまでのイタリアにおける文芸批評に plurilinguismo の発想が存在したため
である。しかし、「複言語能力」としての plurilinguismo は文芸批評の概念
の借用だけではなく、政治的な意図を含有している。それを示す箇所を検討
する。

> パゾリーニはグラムシに出会うと、創造的でより広い視野でのそれ〔異
> なる個別言語の使用〕がパゾリーニに見られるようになった。(中略) グ
> ラムシはパゾリーニに異なる表現素材 (机上で想像した、また、カザル
> サの人々から集めたフリウリ語、学術的イタリア語と口語イタリア語、
> ローマのニュータウンの隠語や 50〜60 年代の教養ある口語や文語の散
> 文、口語ではない映画や写真や絵などの中間的表現) を使うように暗示
> した。〔パゾリーニにとって〕その使用は愉しむためではなく、新たな階
> 層関係の構築に向けて、これまでにない社会階層の流れを生み出す文化
> 的ヘゲモニー装置となることを試みるためであった。それは人として、
> また作家としての苦悩でもあり、希望でもあり、言うなれば決意でも
> あった。
>
> 　　　　　("Pasolini: della stratificazione delle lingue all'unità del linguaggio"
> 　　　　　　　　　　　ottobre 1976, (De Mauro, 1977: 247) / 筆者訳 /
> 　　　　　　　　　　　（　）は原文ママ /〔　〕は筆者による補筆)

　デ・マウロは、パゾリーニがグラムシに影響され、異なる言語表現の着想

を得たことを「出会う」という比喩的表現で表している[14]。このパゾリーニ
の表現活動は、「新たな階層関係の構築に向けて、これまでにない社会階層
の流れを生み出す文化的ヘゲモニー装置となることを試みるためであった」
とある。これは何を意味するのか。このデ・マウロにおけるパゾリーニ理解
を解明するためには、グラムシ、パゾリーニ、そしてデ・マウロの政治思想
や言語哲学を理解する必要がある。

　グラムシはマルクス主義の思想家であり、イタリア共産党創始者の一人で
ある。1926 年にファシズム政権下で逮捕され、10 年にわたって投獄された
後、1937 年に脳出血で死去する。グラムシは牢獄で後に『獄中ノート』と
呼ばれるマルクス主義にもとづく 3000 頁近くになるノートを書き、社会
学、政治学、大衆心理、文学などにわたる著述を後世に残した（グラムシ,
1986: 335–342）。

　パゾリーニはグラムシの死後、共産党に入党するも、未成年への淫行容疑
で党から除名処分を受けたが、その後も生涯を通じて共産主義を信奉した。
一方、デ・マウロは共産主義者ではなかったものの[15]、左派を貫き、共産党
紙への執筆や、共産党から評議会議員として選出されるなど、共産党とは近
しい関係にあった。このように政治への関与を考えると、この三者に政治思
想の親和性を認めることは困難ではない。

　では、グラムシの政治思想と言語哲学とはどのようなものであったか。ま
ず、グラムシの政治思想の中心的概念はヘゲモニーである。ヘゲモニーは元
来「覇権」や「支配力」を意味するが、グラムシの論じるヘゲモニーは、国
家に疎外されている人間の本質を再び市民社会へ奪い返すことであり、支

14　パゾリーニは 1940 年代から 1975 年の死の間際まで、多様な視点からグラムシを論
じている（Voza, 2015）。パゾリーニは 1965 年の "Dal laboratorio (Appunti en poète per una
linguistica marxista)"「仕事場から（マルクス主義言語学のための詩人のメモ）」の論文で、
グラムシの青年期から『獄中ノート』までの使用言語の考察を行い、グラムシの言語がス
タンダードなイタリア語ではなかった点や話し言葉と書き言葉に多大な差が見られる点な
どを指摘している（Pasolini, 1965）。

15　Storia linguistica dell'Italia unita がリベラルな左派の視点から執筆されていることから、
学者というよりも共産主義者の著書であると批評されたことに対して、デ・マウロは自身
を共産主義者ではないと断言している（De Mauro, 2006: 115）。

配・被支配のせめぎあいによって、構成される現存の秩序を新しく組みかえることであり、より意識の高い人々とそうでない人々の知的・感性的交流によって知的同質化を形成することである（黒沢, 2007: 15）。引用に見られるヘゲモニー装置とは、心理的な正当性を持ち、大衆を組織し、人々が行動を開始し、自らの位置を自覚し、戦う場を作り上げる歴史的に必然なイデオロギーを具体的に実現化させるものである（鈴木, 1998: 9）。つまり、デ・マウロの解釈によれば、パゾリーニは文化的ヘゲモニー装置として多様な言語を使用し、その装置、いうなれば言語というツールをもって社会に変革をもたらすことを意図し、執筆を行っていた。

　グラムシの言語思想は『獄中ノート』にも記されている。グラムシは、言語活動がある社会の哲学的革新となる文化闘争を可能にすると考えていた。しかし、その言語が単一ではないことを認識していた。

　　「言語〔活動〕」[16] という語は本質的に一つの集合体であり、時間においても空間においても、ある「唯一」のものを前提としているのではないと言えるように思われる。言語〔活動〕は文化と哲学とさえ意味する（単に常識の水準においてではあるが）。したがって「言語活動」という事実は、現実には、多少とも有機的に脈絡のある、秩序づけられた諸事実の多様性である。　　　　　　　（グラムシ, 1986: 269–270/〔　〕は原文ママ）

　この言説からグラムシは、「言語〔活動〕linguaggio」、つまり伝達やコミュニケーションにおけることばは時間的、空間的に「唯一」のものではなく、多様性を持つものであると考えていたことがわかる。グラムシは社会が歴史的行為を実現するためには、異質な目的を持った多数のばらばらの意思が、共通の世界観を基礎にして、同一の目的に向かって一つに接合されるような「文化的、社会的」統一の達成が前提となると考えていた。それには言語活動が伴うが、イタリアには複数言語が存在するという言語問題があり、そこに障害や誤謬があるとグラムシは理解していた（グラムシ, 1986:

16　原文は linguaggio。linguaggio の概念は第 2 章 3.3 を参照のこと。

269–272）。そのうえで、グラムシは異なる言語を話す者たちが、どのように共通の意思を持ち、歴史的な統一を目指すのか思考していた[17]。

　その手法として、グラムシは国家語を重視した。下位層への普及を基本とし、その習得により、地域を超えたコミュニケーションが可能となり、哲学的および科学的思想を扱えるようになると考えていた（Carlucci, 2005: 80）。しかしながら、国家語を唯一の手段と考えていたわけではない[18]。グラムシは、イタリアの言語状況に鑑み、社会統合の第一段階において、イタリア語であれ方言であれ、身近な環境において多様性ある言語を自然に習得することが必要であり、それが支配集団の特権であった国家語や教養ある言語の習得の過程へと国民を導くと考えた（Ibid.: 86）。それだけではなく、方言そのものが国家語の創造に貢献し、化石化した状態にある国家語に変化をもたらす一助になると、方言の役割への期待をも示していた（Ibid.: 89）。つまりグラムシは、個々人がいかなる言語を習得しようと、それが文化的、社会的統一の第一歩になると考え、その行為は国家語へも影響を及ぼしながら、その獲得に至ることで、階層間の知的交流が生じ、社会的革新、つまりヘゲモニーに向かうと思考していたのである。

　このようなグラムシの政治思想や言語哲学をもとにパゾリーニに関する引用箇所を解釈すれば、「異なる表現素材」とはイタリア語以外の方言や少数言語、さまざまな社会階層の言語を用いることを暗示するものである。パゾリーニが複数言語を使用することは、イタリア語を話さず、権力を持たない少数言語話者、労働者階級、農民といった下層階級の代弁者となり、一部権

17　糟谷（1987）もまた、グラムシがイタリアには真の意味での国民的共通言語が存在しないと考え、＜言語問題＞を認識していたと指摘している。ただし、グラムシは書かれる以前の＜規範文法＞、つまり地域や階層において自発的に形成される文法に言語統一の姿をえがき、近代国家においては言語統一が統治の可能性をもたらすヘゲモニー装置として機能することを示唆していると論じている。

18　グラムシは 1922 年から 1923 年にかけてのモスクワ滞在の間にレーニンの言語政策を知る。レーニンは政治・行政・教育において強力な中央集権制を選択していたが、言語においては全面的に plurilinguismo を支持していた。レーニンの言説には国民が母語で教育を受ける権利や、多様な言語状況下での相互承認や平等の促進などの主張がみられることが指摘されている（Carlucci, 2005: 74）。そこには、レーニンとグラムシの言語思想に親和性を読み取ることができる。

86

力を持つ階級や国家に対する文化闘争を意味しているのである。パゾリーニ
はこのような政治・言語思想を、少数言語であるフリウリ語や多様な社会領
域の言語を使用した作品など、複数言語で表現することにより表明、実践
し、デ・マウロはこれを複言語能力と評したのである。

　このようなグラムシの政治思想や言語哲学を背景にするならば、複言語
能力としての plurilinguismo は、デ・マウロの客観的な言語学の知見に由来
する plurilinguismo とは異なり、個人的な政治思想を帯びていることがわか
る。そしてこの政治思想こそが plurilinguismo を言語教育へと展開させた契
機となったことを次節で検証する。

2.3　政治思想を背景とした言語教育の構想

　デ・マウロは *Paese sera* でグラムシをたびたび引用しているが、1970 年
代の言語教育に関する論考でもその傾向が見られる。本節ではその引用部分
を分析し、グラムシと民主的言語教育との関係を明らかにする。

　デ・マウロは、民主的言語教育の必要性を説く論考 "Per una educazione
linguistica democratica"「民主的言語教育のために」(1975a) において、当時
の政策に関して次のように批判している。

> 民主的な行政機関や政治家は、言語科学から示された、口頭による言語
> 活動が行われ展開するなかで持つ特別で重要な役割について認識するこ
> とがなければ、グラムシが重視した言語事実に関して理解できないだろ
> う。〔言語活動が〕社会的統合に関係するだけではなく、科学的処理能
> 力や、個人的および社会的な知的分析能力となり、一過性のものではな
> く、社会的な過程・闘争のなかで、意識的、また批判的に介入する能力
> になるということを。
>
> 　　　　　　　　　(De Mauro, 1975a: 92/　筆者訳 /〔　〕は筆者による補筆)

　デ・マウロは当時の言語教育政策にグラムシの言語思想が反映されていな
いことに憤りを感じている。グラムシは、言語活動を通して個人が社会的統
合を果たし、そこに積極的に関わるための高い意識や批判的能力を獲得でき

ると思考していた。デ・マウロはこのグラムシの思想を継承するかのように、"Il plurilinguismo nella società e nella scuola italiana"「イタリアの社会や学校における plurilinguismo」(1975b) において、教育に携わる者には次のような者がふさわしいと主張する。

> 開かれた教育のために、高い文化や批判的能力を持つ個人、つまり、誰かに抑圧され、従属させられた者でもなく、従順な者でもなく、新たな問題に立ち向かい、解決を生み出す能力がある男女。教育課程の従事者や協力者、また補助者にはそのような者が必要である。
>
> （De Mauro, 1975b: 127/ 筆者訳）

デ・マウロはここで教師のあるべき人物像を説いている。生徒を育てるためには、高い批判的能力を持ち、誰の支配をも受けず、自らが考え、行動できる自律的な教育者が必要であると考えていた。そのような教師に学ぶ生徒もまた自律的に行動できる者に成長すると期待されるであろう。また、言語教育については次のように述べている。

> 民主的義務に一致した教育技術の意思を持って進められ、言語学や記号論の現代科学の根拠から支持された複言語教育 un'educazione linguistica plurilingue へ導くこと。それは、さまざまな言語の創造性を発揮させる条件となり、人、また市民を社会へ参加させ、社会や政治の状況を再編成するのである。民主的連帯をより高める道具となるのである。
>
> （De Mauro, 1975b: 137/ 筆者訳）

つまり、「複言語教育」にもとづく民主的言語教育こそが、個人の言語を解放し、言語的創造性の状況のなかで能力を高め、社会参加を可能とさせるのである。この「社会や政治を再編成する」という文言はグラムシのヘゲモニーをも連想させる。そして、そのデ・マウロの政治思想が民主的言語教育に内包されていると決定づけられる箇所が 10 のテーゼの結語に表れている。

　長い間にわたり、グラムシの次の言説の正しさが検証されてきた。

　"言語問題が何らかの形で発生することは、そのたびに一連の他の問題が浮上していることを意味する。そこでは支配集団と国民大衆の間で、より親密で確実な関係を確立する必要がある。"

　したがって、これら〔10 のテーゼ〕の分析と提案は、民主的な目的に従って学校を管理し、"ヘゲモニーを再編成し"、"支配集団と国民大衆の間で、より親密で確実な関係を確立する" ことに関わる社会的勢力が成熟[19]した場合にのみ意味を持つ。

　　（GISCEL, 1977: 12/ 筆者訳 /" " は原文ママ /〔　〕は筆者による補筆）

　言語問題は、社会階層の分断から発生するさまざまな問題の一つである。その場合、階層間の融和を目指す必要がある。10 のテーゼに携わる教員はその意識を持ち教育に取り組まない限り、民主的な教育の実効性はないと断言している。つまり、10 のテーゼの最後は、グラムシの言葉を引用し、不等な社会を再編するために、教育関係者が強い意思を持って民主的言語教育を推進すべきであると喚起する言葉で結ばれている。

　このように、デ・マウロは複言語教育を、グラムシの政治思想を援用しながら構想し、提唱したのである。それを具現化するための教育が、言語の多様性と創造されるすべての言語使用を尊重する民主的言語教育であった。これらの言説から、自ら考え行動する自律的な教育者によって「複言語教育」が実施され、生徒が保持する複数の言語能力が承認されることにより、生徒は言語能力を高め、社会に参加し、社会や政治を再編成できる人へと成長するという信念を持っていたことが読み取れる。デ・マウロは言語教育によって、グラムシが理想とした社会に近接しようとしたのである。

　デ・マウロは、民主的言語教育の必要性について説くにあたり、イタリア共和国憲法第 3 条、すなわち「すべての市民は、対等な社会的尊厳を有し、性別、人種、言語、宗教、政治的意見、身体的および社会的条件による区別なく、法律の前に平等である」という条文を引用し、人間が言語によって

19　原文（GISCEL, 1977）では naturate とあるが、maturate の誤植。

差別されることがあってはならないと、たびたび力説している（De Mauro, 1975a/1983a; Ferreri & Guerriero, 1998）。平等な社会の実現を目指すデ・マウロの強い政治的信念は、グラムシの政治思想を内包する複言語能力、そして複言語教育へと展開し、　真の民主化の実現に向けた民主的言語教育へと展開したのである。

3.　まとめ

　本章は、1970 年代のイタリアにおける民主的言語教育が包摂する plurilinguismo の形成をデ・マウロの言説をもとに検討し、民主的言語教育の基盤となる plurilinguismo の概念を解明した。1960 年代から 1970 年代にかけて民主的言語教育の提唱者であるデ・マウロが言語学において使用した plurilinguismo は、「複言語状態」（ある地域において複数の言語が共存する状態・ある個別言語にさまざまな言語規則が共存する状態・伝達手段としてのことばに多様な記号が存在する状態）、「複言語政策」（多言語地域において政治的に複数の言語の使用を認める政策）、「複言語能力」（各々の言語体験によって蓄積された複数の言語を、コミュニケーションや創作活動において個人が用いる能力）を示した。この plurilinguismo はソシュールの一般言語学や記号論、歴史的・社会的言語研究の言語学的知見、またグラムシの政治思想や言語哲学を基盤としていた。そしてデ・マウロはグラムシの思想を反映させながら、「複言語教育」として、民主的言語教育を展開させたことが明らかとなった。

第4章

民主的言語教育における
複言語教育の実践

　前章では 10 のテーゼを提案したデ・マウロが 1960 年代から、複言語主義を意味する plurilinguismo を使用していたこと、またその用語を「複言語状態」、「複言語政策」、そして「複言語能力」という概念で使用していたことを解明した。その起源を考察すると、「複言語状態」「複言語政策」はソシュールの理論や記号学など、そして歴史的・地理的観点からの社会言語学に由来することが判明した。その一方で「複言語能力」はデ・マウロの政治思想を包摂しており、グラムシの言語哲学の影響を受け、「複言語教育」として民主的言語教育へと展開したことが明らかとなった。つまり、デ・マウロの plurilinguismo の概念から「複言語教育」が構想され、それが民主的言語教育と称されたのである。では、その教育実践とはいかなるものであったか。

　本章ではデ・マウロの plurilinguismo から展開された複言語教育の実際を明らかにする。民主的言語教育において、デ・マウロが plurilinguismo をどのように教育現場で承認し、教育実践として展開したのか、その教育の実態を分析し、狙いを解明する。

1. 1970 年代以降の教育実践に関する先行研究

　1970 年以降、方言教育やイタリア語の実践教育に関わる研究が散見されるようになる[1]。1972 年には学術誌 *Lingua e nuova didattica*『言語と新しい教授法』が、また 1978 年には学術誌 *Rivista Italiana di Dialettologia*『イタリア方言学会誌』が創刊され、言語教育の教授法や方言に関心が高まっていた[2]。

　なかでも Cortelazzo（1986）の研究は 1980 年代の方言と学校の関係に関するものであり、方言教育と 10 のテーゼとの関係を指摘している。コルテラッツォはデ・マウロの *Storia linguistica dell'Italia unita*（1963）の一節 "Lingua e dialetti nella scuola"「学校における言語と方言」、また付録 "Dialettomania e dialettofobia"「方言愛好と方言嫌悪」によって方言とその教育へ関心が向き、その後、ファシズム政権下の言語政策の研究（Klein, 1986）や地方を基盤とする社会言語学の研究（Marazzini, 1984; Coltelazzo, 1983）を経て、その関心はやがて 1985 年の新たな初等教育課程[3]の改革へ展開したと分析している。コルテラッツォによれば、初等教育課程のイタリア語教育は、これまでの文語ではなく、口語による教育の義務が明確に定められ、学校では伝達のために方言を使用する方法や、あるいは方言を教育する方法など、方言に関わる教育が取り入れられるようになった[4]。このような、当時の方言教育の中心となる最も重要な文献として、コルテラッツォは、イタリア統一以降のイタリア語と方言の状況を分析した De Mauro（1965a）や、生徒が既に話す能力として持つ方言を学校が承認し、イタリア語のレベルへと高めることが今後重要であると主張した Benincà（1977）[5]、そして 10 のテーゼをあげ

1　当時、新たな言語教育に向けて、実践研究の他にも、学校教育のための文法を整備した *Libro d'italiano*（Simone, 1974）や、言語理論を教育に応用することを提案した *Linguistica ed educazione linguistica*（Berretta, 1977）なども出版された。

2　De Luca（1979/1980）、Corrà（1983）、Bruni（1983）、Cortelazzo（1986）などがある。

3　D.P.R. 12 febbraio 1985, n.104, 序論参照のこと。

4　新たな教育課程が定められ、方言の受容が促進されたものの、当時の教科書は方言にさほど触れず、ある地方の言語レパートリーや言語構造の特徴を例示する程度であったと解説している。

5　Cortelazzo は "Benincà, 1975" と記載しているが、口頭発表が 1975 年で、出版は 1977 年である。

ている。また、当時の具体的な教授法の例として、高等学校での伝統的文学（方言文学）の考察（Rossi, 1984）や、演劇活動における方言の使用（Deon, 1981; Santucci, 1983）、また 1979 年の新たな中等教育課程の実施に伴い、中学校では言語の歴史的側面への着目や方言の語彙の収集、あるいは方言間の比較といった学習活動も存在したことを解説している。コルテラッツォはデ・マウロの教育実践にも言及し、生徒の言語能力を測定するための glotto-kit という相対的な手段を開発していたことや、De Mauro & Lodi（1979）の *Lingua e dialetti*『言語と方言』には方言のいくつかの教授法の暗示があったことを示唆している。コルテラッツォは当時の言語教育改革に方言教育があり、それがデ・マウロに始まり、その後、デ・マウロ自身も方言教育の実践を展開したことを示しているが、教育実践の詳細については明らかにしていない[6]。

　Balboni（2009: 88–89）は、ロンバルド・ラディーチェとデ・マウロを1970 年代のイタリア語教育の実践に大きな影響を与えた人物としてあげ、この二人の貢献により、1974 年から 80 年代末にかけて、イタリア語教育のみならず外国語教育においても、多くの言語教育の実践が行われたと指摘している。バルボーニは、デ・マウロがいかなる教育実践を行ったかは明らかにしていないが、その当時の議論には文法派とアンチ文法派が存在し、デ・マウロはアンチ文法派に属していたと判断していることから、デ・マウロが文法教育を重視する立場になかったことが推測できる。バルボーニは 10 のテーゼと当時の言語教育との関係を明らかにしていないが、1970 年代後半から 80 年代末にかけて、教育実践による言語教育改革の試みが盛んに行われていたと論じている。

　1970 年代以降の言語教育改革を複言語教育の視点から論じた研究に Lo Duca（2013）がある。ロ・ドゥーカによれば 1970 年代の新たな言語教育のテーマの一つとして、デ・マウロによる plurilinguismo の発見がある。ま

6　Cortelazzo（2000: 123–136）にも 1980 年代の方言教育に言及した箇所があり、その教育実践の例として、方言を書く・話す活動や、地域文化を発見するために方言を取り入れる活動、社会言語学の視点から方言を見直す活動が存在したと論じている。しかしながら、民主的言語教育やデ・マウロに関連する方言教育についての言及はない。

た、それに関わる 10 のテーゼは、生徒が話す言語（方言）を尊重しつつも、言語バリエーション（口頭やそれぞれの言語のバリエーションだけではなく、文体や語彙、スタイル、言語運用のバリエーション）を学ぶ必要性を表明した。10 のテーゼによって、言語教育改革の支持者たちが方言教育に関心を向け、「方言を教える」のか「方言で教える」のかといった議論や、方言教育が生徒にとって弊害となるのか利益となるのかといった議論が交わされるようになった[7]。ロ・ドゥーカによれば、これら複言語教育の議論が、その後 1979 年の新たな中等教育課程[8] において承認されることとなった（Lo Duca, 2013: 61–62）。これらのことから、ロ・ドゥーカは 10 のテーゼに plurilinguismo の概念を読み取り、それが方言教育として展開したと判断している。しかしながら、10 のテーゼ、つまり民主的言語教育がいかなる教育を発展させたか、あるいはデ・マウロがどういった実践を行ったかには触れていない。

　これらの先行研究を検討すると、1970 年代以降、言語教育の改革が盛んに行われたこと、またその改革の関心は口語、特に方言教育に向けられていたこと、そしてその背景にデ・マウロや 10 のテーゼ、つまり民主的言語教育からの影響があったことが確認できる。また、デ・マウロ自身が教授法の創出に着手していたことも示唆されている。しかし、その例としてあげられた glotto-kit と呼ばれる言語能力測定の手段や De Mauro & Lodi（1979）の Lingua e dialetti『言語と方言』に提示されている教授法は概略に留まるもので、民主的言語教育、あるいはデ・マウロが関わった複言語教育の実践は明らかにされていない。

　そこで次に、デ・マウロ自身が関わった民主的言語教育の教育実践を検討し、その形成のプロセスを明らかにする。

7　方言の文字化を行うのであれば、方言の標準化が必要になるが、それによって生徒は方言とイタリア語との類似性と相違性を徐々に理解し、イタリア語へと順応していくという主張（Minori, 1977）が存在する一方で、まずはイタリア語を教えることが重要で、他の言語変種を教えることにより新たな問題を生み出してはならないとし、方言学習はあくまでも言語観察のため、またイタリア語への橋渡しのためのものであるという見解（Benincà, 1977）も存在した。

8　D.M. 9 febbraio 1979, 序論参照のこと。

2.　複言語教育の形成過程

　デ・マウロは 10 のテーゼの発表から 20 年後のインタビュー "Passato e futuro dell'educazione linguistica"「言語教育の過去と未来」(Ferreri & Guerriero, 1998: 22–23) において、その教育実践を振り返っている。「今日、10 のテーゼの実際について顧みる必要があると思うのですが…」というインタビュアーであるフェッレリの質問に対し、デ・マウロは 1972–73 年に CIDI のメンバーとともに行った活動を第一にあげ、それが後の glotto-kit の起点であったと回想している。その活動は 70 年代後半にスカンディッチ（フィレンツェの南西部にある都市）において展開し、イタリア各地の教師によって広く実践された[9]。デ・マウロは、まずその初期段階として、1975 年にルチャーノ・マンツォーリ[10] (Luciano Manzuoli, 不明-2008) とマリオ・ローディ[11] (Mario Lodi, 1922–2014) の共作である *Biblioteca di lavoro*[12]『活動の文庫』と称する小冊子シリーズに *Parlare in Italia*『イタリアで話す』(De Mauro, 1975c) を発表したことを振り返り、そこに含まれる生徒の言語能力の判定のための質問事項が後の glotto-kit のポイント・ゼロ punto zero になったと回顧している (Ferreri & Guerriero, 1998: 22–23)。

　この *Parlare in italia*『イタリアで話す』(De Mauro, 1975c) と題した小冊子は、後に増補され、*Lingua e dialetti*『言語と方言』(De Mauro & Lodi, 1979) として出版された。その二冊には社会言語学的調査方法が採録され

9　後に glotto-kit となる実践の開発は、10 のテーゼ発表以前の 1972–73 年に CIDI のメンバーの協力のもとに始まり、デ・マウロの研究チームと教師グループの協働によって進められた。そして、1978 年にフィレンツェ県スカンディッチ市における 2 つの幼稚園の教師グループとデ・マウロのチームによって実験が始まり、そのなかで、1979 年に開催された研究会において、イタリア各地から参加した多くの初等教育、また中等教育の教師に glotto-kit の学術的仮説が提案された。その後、教師の助力や検証、異なる研究からの示唆を得、最終的にそのシリーズができるまでに 3 年を要した (Gensini & Vedovelli, 1983:78–79)。

10　ルチャーノ・マンツォーリ出版の経営者。

11　ローディは小学校教員であり、教育学者でもあった。フランスの教育学者フレネの影響を受け、生徒らが具体性や日常性のなかで学習する教授法を導入した。Movimento di Cooperazione Educativa（教育協力運動）と称する組織を形成し、教育運動を行った。

12　マリオ・ローディによって組織された実践研究グループにより隔週出版されていた。

ており、後に *Teoria e pratica del glotto-kit: Una carta d'identità per l'educazione
linguistica*『言語キットの理論と実践：言語教育のための身分証明書』（Gensini
& Vedovelli, 1983）においてその調査方法は punto zero と命名され、言語評価
指標の glotto-kit の項目の一つとして記載されている。つまり、デ・マウロが
関わった *Parlare in Italia*（De Mauro, 1975c）から *Teoria e pratica del glotto-kit:
Una carta d'identità per l'educazione linguistica*（Gensini & Vedovelli, 1983）まで
の一連の活動と成果こそ、民主的言語教育の実際であり、その教育実践なの
である。

　そこで本章では、民主的言語教育の実践が示された *Parlare in Italia*（De
Mauro, 1975c）と *Lingua e dialetti*（De Mauro & Lodi, 1979）、また、glotto-kit
の解説書となる *Teoria e pratica del glotto-kit: Una carta d'identità per l'educazione
linguistica*（Gensini & Vedovelli, 1983）の分析を通して、デ・マウロが教育理
論をいかに実践へと展開したのかを解明する。

3.　民主的言語教育における教育実践

3.1　*Parlare in Italia*（De Mauro, 1975c）に見られる教師養成

　1975 年に出版されたデ・マウロの教育実践に関わる第一の書となる
Parlare in Italia は二部から構成された 16 頁の小冊子である。前半は教育に
関わる論説が、後半には教育の実践案が記されている。

　冒頭ではイタリア共和国憲法のもとで保障される言語の平等、ならびに学
校の責務を次のように論じる。

> たとえ困難であっても、学校は平等に生きることを学び始めることがで
> きる場所、また、そうすべき場所である。学校とは《社会的平等の尊厳》
> を持って生きることが難しいことを知る場所でもあり、それを学ぶこと
> ができる場所である。また、それらの障害を克服する方法を見出す場所
> でもある。　　　　　　　　（De Mauro, 1975c: 2/ 筆者訳 /《　》は原文ママ）

　つまり、学校とは我々が平等の権利を持つことを教えるだけではなく、そ

れを阻害する差別や格差に気づき、それを乗り越える力を与える場であると
主張する。また、憲法を引用し、次のようにも論じている。

　　ここで私たちは、ほとんど気づくことのない障害があることを学びた
　　い。それはことばの障害であり、また表現方法の障害である。憲法に記
　　されたように、私たちが《言語の (...) 区別なく (...) 平等》であるなら、
　　言語には区別が存在し、そこには取り除くべき何らかの障害が存在する
　　ことを意味する。　　　　　　　(Ibid.: 2/ 筆者訳 /《　》(...) は原文ママ)

　ここでの区別とは国家語であるイタリア語と国家語ではない方言や少数言
語であり、デ・マウロはイタリア語と区別される方言、ならびに少数言語の
分布図を提示し、その多様性を論じている。これは、憲法によって保障され
た言語には多様性が存在することを確認するもので、デ・マウロはイタリア
に複数の言語が共存する事実を提示しつつ、政治的理念からいかなる言語も
平等の権利があると主張する。
　次に、1861 年と 1951 年におけるイタリアの言語状態を簡潔に紹介し、近
年まで、多くのイタリア人にとってイタリア語はなじみのない言語であった
ことを指摘する。現在もイタリア語を全く理解できない者が存在するにもか
かわらず、初等教育 1 年目からイタリア語を既知の言語として教育が行わ
れていることに疑問を呈する。そして実際に、南部から北部へ移住した一人
の少年が 1972 年に学校の落第を苦に自殺した事件[13] を喚起し、次のように
訴えかける。

　　我々のなかに方言しか話さない者がいれば、その少年を見つけたいし、助
　　けたい。その少年を助けるということは方言を奪うことではなく、彼がど

13　1972 年 6 月、プーリアからトリノに移住した 15 歳の少年チリアーコ・サルドゥット
Ciriaco Saldutto が中学校における進級試験に落第したことをきっかけに絞首自殺をした事
件 (Stampa Sera, 15/06/1972, numero139: 4) を指す。社会的反響も大きく、同年、"Ballata
per Ciriaco Saldutto" という歌謡曲にもなった。

れほど自身の方言（愉快なことわざ、悲しい歌、快活なストルネッリ[14]、誓いの歌、的確で的を射た表現）を知っているのかを見つけることだ。

（中略）

教師は生徒が使い慣れた言語がいかに異なっているのかを熟知したうえで、生徒を助けるよりよい手段をそれぞれの生徒のために見つけることができる。はじめに述べたように、それは障害を理解し、学び、取り除く道を見出すためである。 （*Ibid.*: 7/ 筆者訳）

ここにはデ・マウロの人間性があらわれており、言語的弱者である生徒に手を差し伸べたいという強い意志が認められる。その第一歩は、その言語を否定し、矯正することではなく、その言語を知ることであり、そのうえで言語の格差を解決するための方法を教師自身が見出すことである。また、次のようにも論じている。

方言に関心を持つのは研究のためではない。それぞれの環境で二つの言語を聞き、知る子供たち、また簡潔な方法で表現するすべを知っている子供たちを助けるために、必要なことである。 （*Ibid.*: 8/ 筆者訳）

教師が生徒の言語に関心を持つことは、言語を研究するためではなく、あくまでも生徒の言語環境を理解し、生徒が言語を既に所有していることを認識するためである。デ・マウロは教育のために方言に着目する必要性を訴えている。

このように、小冊子の前半ではイタリア共和国憲法に見られる言語の平等やイタリアに方言や少数言語などが共存する状態を解説し、平等を実現すべき学校や教師の責任と役割を問いかける。

この認識にもとづき、デ・マウロは冊子の後半でいくつかの実践的な活動を提案する。

その一つは方言の収集である。まず、テープレコーダーを利用して、生徒

14　ストルネッリ stornelli とは 17 世紀以降イタリア中部で流行し、恋愛や風刺を詠った 5,11,11 音節からなる短い民謡の形式の詩。

の両親や祖父母、もしくはその地域の高齢者にインタビューを行い、方言
（俚言や少数言語）の童謡や、伝統的な祭りや食堂などで歌われている大衆
歌、ことわざ、遊び、昔話、伝説を収録し、それらを文字化することを提案
している。そして、それらの方言グループの識別を助言している。

　また、次に地元の方言と近隣地域の方言を比較するための語彙リストや、
あるいはイタリア語とその他の言語とを比較するための語彙リストの作成も
提案している（資料1）。

私たちの方言					

方言	イタリア語	フランス語	英語	ドイツ語	スペイン語	…

（資料1　*Ibid.*: 11/ 筆者訳）

　これらの活動は学校が中心となり、生徒や両親だけではなく、その地域
住民を巻き込みながら、言語状況を把握することを目的としている。資料1
の前者は、学校の周辺地域に存在する言語の相違点や類似点の理解、また後
者は、その地域における方言がどの外国語に類似するかなどの理解につなが
る。これらの言語の収集はその地域の多様な言語状態を知る契機となる。

　次に使用言語の調査を提案する。子供同士やその両親、また祖父母との使
用言語を調査し、学年ごとに分類し、生徒の言語環境をまとめ、教師間での
共有を提案している（資料2）。

学年	子供と方言			両親と方言			祖父母と方言		
	方言を話す	方言を話さないが理解する	方言を理解しない	方言を話す	方言を話さないが理解する	方言を理解しない	方言を話す	方言を話さないが理解する	方言を理解しない
1年 2年 3年 …									

(資料2　*Ibid*: 10/ 筆者訳)

また、より詳細に言語環境を把握するため、生徒が友人間や教師間でいずれの言語を選択しているか調査する質問紙も提示している（資料3）。

方言、そして学校の友人と教師（この調査を行うためには、回答する生徒の数の表を準備する必要がある）

空欄には IT、もしくは DIAL、IT/DIAL、DIAL/IT のいずれかを記入する。IT はイタリア語を話すという意味、DIAL は方言を話すという意味、IT/DIAL はイタリア語も方言も少し話すが、イタリア語の方が多いという意味、DIAL/IT はイタリア語がより頻繁であるという意味を表す。

　私は学校の外で同じ地域の仲間と＿＿＿＿＿で話す。
　私は学校で同じ地域の仲間と＿＿＿＿＿で話す。
　私は学校の外で他の地域の仲間と＿＿＿＿で話す。
　私は学校で他の地域の仲間と＿＿＿＿で話す。
　私は学校で先生と＿＿＿＿で話す。
　私は学校の外で先生と＿＿＿＿で話す。

(資料3　*Ibid.*: 12/ 筆者訳)

これに加えて、生徒と家族の間、また、両親と祖父母の間における言語使用も同様の質問紙を提示している。

次に、両親の職業や学歴、出生の問いを設けている（資料 4）。

```
私の父の仕事：＿＿＿＿＿＿＿＿＿＿＿＿
私の母の仕事：＿＿＿＿＿＿＿＿＿＿＿＿
私の父が通った学校（到達した最も高いレベル）：＿＿＿＿＿＿＿＿＿＿＿＿＿
私の母が通った学校（到達した最も高いレベル）：＿＿＿＿＿＿＿＿＿＿＿＿＿
母も父も同じ地方に生まれたか：＿＿＿＿＿＿＿＿＿＿＿
現在居住する地域にずっと住んでいるか：＿＿＿＿＿＿＿＿＿＿＿
```

（資料 4　*Ibid.*: 13/ 筆者訳）

　これらの調査をもとに、各クラスのデータを教師間で共有し、表に整理し、仮説を立て、生徒などの使用言語を判断することや、その報告を生徒に配布し、両親を集め調査結果について議論すること、あるいは結果を学校の内外に貼りだし、あらゆる者がその結果を見て議論することを提案している。

　このような活動は一見すると、学校による地域の言語調査に他ならない。しかしながら生徒やその家族、地域の人々を包摂し、生徒が置かれた言語環境を詳らかにしている点、またそれを地域に公表し、議論することを提案している点で、単なる調査に留まっていない。生徒が持つ言語の多様性を教育現場が把握すること、また把握していることを生徒やその家族、地域社会に周知することは、おのずと多様な言語を承認する態度を示すことになる。それは、学校教育におけるイタリア語、つまり標準語、あるいは規範言語からの解放を意味するもので、憲法が保障する言語の平等を教育現場において具現化する第一歩となるのである。そして、この使用言語の調査が後に glotto-kit における punto zero として加えられることとなる。

　Parlare in Italia は教師や教育関係者に向けて執筆された。イタリアの多様な言語状況を認識させ、それによって教育現場が抱える問題に着目させ、理解させたうえで、使用言語調査という具体的手段を用いて行動することを教示した。この著作は教師や教育関係者の意識改革を目的とし、生徒が置かれた複言語状態に着目し、それに対応し得る教師の育成をも意図するものである。この論考はデ・マウロの言語観を理解し、生徒の言語能力を育成できる新たな教師を養成するための著述でもある。

3.2 *Lingua e dialetti*（De Mauro & Lodi, 1979）に見られる教授法

　この *Parlare in Italia* と極めて類似しているのが 1979 年に一般書として
出版された *Lingua e dialetti* である。この二冊は構成が類似しているだけで
なく、内容も重複しているため、後者は前者の改訂版であると考えられる。
142 頁と大幅に増補されていることから、加筆された箇所を検証し、*Parlare
in Italia* との相違点を明らかにする。

　構成を見ると、前半のⅠ〜Ⅶ章、またⅪ章ではデ・マウロがイタリアの多
様な言語状況やその歴史を解説し、後半のⅧ〜Ⅹ章ではローディが使用言語
調査、および教育実践を解説している。また巻末には付録として 10 のテー
ゼと 1979 年に公布された中学校における教育課程（D.M. 9 febbraio 1979）の
序言が掲載されている。

　まず、デ・マウロが担当したイタリアの言語状況に関するⅠ〜Ⅶ、またⅪ
の解説を分析する。「Ⅰ. イタリア語と方言」は他国とは異なるイタリアの
複雑な方言の言語状況を説明し、「Ⅱ. 方言：特効薬か雑草か」は統一期以
降、方言の地位が奪われていった経緯、「Ⅲ. イタリアの方言」はイタリア
語と方言の相違に配慮した教育改革の必要性、「Ⅳ. ラテン語からイタリア
語へ」は 4 世紀以降のラテン語が、各支配圏によって地域ごとに大きく異
なる変化を遂げたこと、「Ⅴ. フィレンツェ語からイタリア語へ」はフィレ
ンツェ語がイタリア語に移行する要因と経緯、「Ⅵ. 今日の社会における方
言の存在」は現在も国民の三分の二が劣等感のなかで方言を使用しながら
も、豊かな方言文学や映画が存在する事実、「Ⅶ. 少数言語の共同体」では、
イタリアにおける少数言語を持つ 11 の共同体の存在、「Ⅺ. 都市における方
言の重大な現実と成人教育における方言」は地方からの移民が集まる都市で
の生徒への言語教育や成人への言語教育の必要性に関して論じている。

　ここで展開される言語状況の解説は、前述の *Parlare in Italia* の前半と重
なるが、異なる点は豊富な根拠、また言語分布地図を用いたより詳細な分析
にある。一方で、デ・マウロの憲法解釈や生徒の自殺事例からの教育改革の
主張など主観的部分は排除され、客観的な説得力を伴って、読者にイタリア
の言語状況を伝えている。そこには社会言語学的知見からイタリアに複数の
言語が存在する状態を解説し、教師や教育関係者への意識改革を目指す意図

が認められる。ゆえに、この著作はより学問的観点に立って「教師養成」を
目指すものといえよう。

　次にローディが執筆した部分、「Ⅷ. 共同体における学校、方言、そして
歴史」、「Ⅸ. 幼稚園における方言」、「Ⅹ. 義務教育の学校のための効果的提
案（6–14歳）」を検討する。その内容は、*Parlare in Italia* の実践案と重複
する部分も多く、使用言語の調査も再掲載されている。しかし、*Parlare in
Italia* と異なる点は、新たにスカンディッチでの研究の経緯と幼稚園におけ
る方言教育の取り組みが掲載された点、また、そもそも調査手法として掲載
されていた使用言語調査が、小中学校で実施可能な言語教育の手法、つまり
教授法としてより詳細に再び紹介されている点にある。

　例えば、方言の収集例を詳述する箇所がある。先述の *Parlare in Italia* で
は、地域の住民の発話を録音収集するよう指示していたが、この著作はそれ
に加えて、その実例をあげている。ターノという農民を学校に招待し、語り
手となってもらい、録音したその語りをスクリプト化し、方言をイタリア語
に訳し、その二つの言語を比較し、文法や語彙の相違点を生徒とともに検討
するのである。それらの比較にあたり、生徒の両親の協力を仰ぎながら学ぶ
ことも提案している。

　また *Parlare in Italia* では、方言や他の言語を比較する語彙リストの作成
方法を示していたが、この著作では教育活動の実例として、以下の表を提示
している（資料5）。

方言	イタリア語	ラテン語	フランス語	英語
Scusàl	Grembiule〔エプロン〕	Cincticulus	Tabier[15]	Apron
Pütel	Bambino〔子供〕	Puer	Enfant	Child
Articiòc	Carciofo〔アーティチョーク〕	Cinara	*Artichaut*	*Artichoke*
Pum de tèra	Patata〔ジャガイモ〕	Solanum	*Pomme de terre*	Potato
Scrègna	Sedia〔椅子〕	Sedes	Chaise	Chair

（資料5　*Ibid.*: 88/ 筆者訳 / 大文字、イタリック体など原文ママ /〔　〕は筆者補筆）

　この表にもとづき、同じ言語グループの存在や、方言と外国語の類似点を
観察し、それらの語彙がどの言語に由来するのか、その地域が外国の支配を

15　原文ママである。フランス語では tablier が正しい。

受けていたのかなど考察する活動を提案する。そこから発展させ、世界地図にラテン語の影響がある地域や、現在もヨーロッパ言語（インドシナにおけるフランス語や、アルゼンチンにおけるスペイン語、ソマリアにおけるイタリア語、など）が存在する欧州以外の地域を色付けするなどし、植民地支配の影響があった地域の理解を促進する活動を提案している。

　また、居住地域の方言分布地図を作成することも提案している。その例として、イタリア北部に位置するピアデーナという町を中心として、生徒が作成した方言分布地図（エプロン grembiule の語の地域差に関する調査）を掲載している（資料6）。

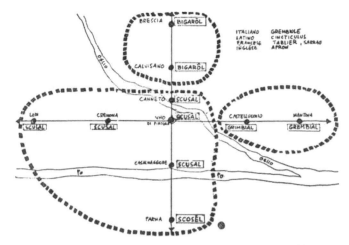

（資料6　*Ibid.*: 90）

　これらの活動は、地域に存在する方言や、その方言の多様性、あるいは他の個別言語との類似性、つまり方言の起源を生徒とともに考察する活動であり、その地域において複数の言語が共存することに気づきを与える。

　また、方言の統語に関心を持たせる実践例も提示する。「私は来ない」を方言で述べた場合、"non" を意味する否定の副詞 "mia" が文末に来ることを例示し、スタンダードなイタリア語と方言とは統語が異なることを示している（資料7）。

```
〔私は来ない〕
例：　me vegni mia〔方言〕
　　　io  non  vengo〔イタリア語〕
```

（資料 7　Ibid.: 91/ 筆者訳 / 斜体は原文ママ /〔　〕は筆者補筆）

　次に、イタリア語という個別言語にさまざまな否定の表現があることに着目させる。例えば、「今晩来ない？」という意味を表す複数の表現の可能性を例示している（資料 8）。

```
イタリア語では次のように述べる：
Non vieni stasera?
Non vieni mica stasera?

しかし、次のようにも言う：
Vieni mica stasera?
```

（資料 8　Ibid.: 91/ 筆者訳 / 斜体は原文ママ）

　これらはどれもスタンダードなイタリア語である。"non" とともに、否定を表す副詞 "mica" が加えられても、あるいは "mica" が単独で使われても「今晩来ない？」という意味に変わりはない。ある事柄を表すにあたって、標準イタリア語、つまり一つの個別言語のなかに複数の表現方法が存在することを提示する。

　他にも、方言とフランス語との比較を試み、両者の類似性を認識させる。前述の方言「私は来ない」の "mia" に着目させ、フランス語の否定文の統語構造において否定詞が動詞に後続するという共通点をあげている（資料 9）。

方言	ME VEGNI MIA
フランス語	JE NE VIEN[16] PAS
イタリア語	IO NON VENGO

（資料9　*Ibid.*: 91/筆者訳/大文字等原文ママ）

　これらの例文は、単に方言教育を目的としたものではない。方言がイタリア語とは異なる統語構造を持つことを示し、その構造が他の個別言語と類似していることから、その言語との関係性をも類推させるものである。

　Lingua e dialetti のなかで、これらの実践方法の執筆者はローディではあるものの、それは *Parlare in Italia* で示された方法を踏襲していることから、デ・マウロ自身の教育的意図も反映されていると考えられる。注目したいのは、前述の Cortelazzo（1986）が当時の方言教育の実践例として *Lingua e dialetti* を例示していたが、*Lingua e dialetti* が提示した教授法は単なる方言教育ではなかったことである。方言のみならず、他の個別言語、あるいはイタリア語という個別言語内部での複数性をも扱っており、ここにはデ・マウロが構想した plurilinguismo、特に複言語状態（ある地域において複数の言語が共存する状態・ある個別言語にさまざまな言語規則が共存する状態）の概念が反映されている。

　教室活動を通じて方言や他の個別言語に着目させ、語彙リストを作成することは、生徒にイタリア語やその他の言語との類似点や相違点に気づきを与える。また、方言話者を学校に招く活動や方言分布地図の作製は、地域における言語変種の共存を生徒に理解させ、学ばせると同時に、教育現場が複数の言語状況を肯定している姿勢を示す。さらに、スタンダードなイタリア語で、一つの事象を表現するにも、複数の表現方法が存在することを教授する。これもまた、イタリア語という個別言語が持つ言語の多様性に気づきを与えるものである。よって、ここにあげられた教授法は、教育現場での多様な言語の承認を可能とする具体的手法であり、複言語教育の教授法に位置づけることができる。

16　正しくは viens である。

3.3　*Teoria e pratica del glotto-kit: Una carta d'identità per l'educazione linguistica*（**Gensini & Vedovelli, 1983**）に見られる評価指標

3.3.1　言語能力評価指標：glotto-kit

　本節ではデ・マウロが 10 のテーゼの実際としてあげた glotto-kit を検証する。*Teoria e pratica del glotto-kit: Una carta d'identità per l'educazione linguistica*（Gensini & Vedovelli, 1983: 以下 *Teoria e pratica del glotto-kit*）は glotto-kit を表題に含む唯一の著作である。その構成は、デ・マウロが執筆した "Nota introduttiva"「はじめに」（De Mauro, 1983b）に始まり、第一部は glotto-kit の概要を示した「glotto-kit の序言」、第二部は glotto-kit の理論を示した「glotto-kit の理論」、第三部は glotto-kit の実践調査を示した「glotto-kit の実践」で構成され、glotto-kit の開発に携わった研究者がそれぞれ執筆を担当している。glotto-kit そのものは 92–93 頁に掲載されている（資料 10）。その名称からはキット、つまり何らかの道具一式を想像するが、実際は言語能力の評価指標の一覧表に他ならない。

　この glotto-kit は母語能力を評価するための指標で、「A − 幼稚園のための glotto-kit の枠組み（以下 A − 幼稚園）」、「B − 成人のための glotto-kit の枠組み（以下 B − 成人）」、「C − 義務教育・中等教育のための glotto-kit の枠組み（以下 C − 義務教育・中等教育）」の三つの年齢に応じた教育課程にしたがって構成されている。成人のカテゴリーがあるのは、イタリアでは成人への識字教育が一般的であったためである[17]。また、「C − 義務教育・中等教育」には小学校を表す「e」、中学校を表す「m」、高等学校を表す「S」があり[18]、項目の難度は易から難に配列されている。

---

[17]　第二次世界大戦後の 1947 年に、識字率の向上を目的とし、成人に向けた民衆学校設立のための法律（Decreto legge n.1559 del 17 dicembre 1947）が制定された。全国の公共機関に教室が設置され、修了者には小学校卒業資格などが与えられた。1947 年から 1956 年までの間に 500 万人が学んだ。

[18]　「e」は scuola elementale、「m」は scuola media、「S」は scuola superiole のそれぞれの頭文字である。

A －幼稚園のための glotto-kit の枠組み

  a. 話す言葉の流暢さ：1分間に話す単語の数；中断の数；意味ある単語；無意味な単語；音象徴；惰性的な繰り返しの単語；繰り返しの句

  b. 幼児語彙の持続

  c. ディスレクシアの兆候

  d. 書かれた自分の名前の理解能力

  e. 聞いた友人の名前の理解能力

  f. 自分の名前の再生能力

  g. 友人の名前の再生能力

  h. 既知の単語の数：話を聞く / 理解し，認識する / 使用する

  i. 人の話をどれほど、聞いていられるか / 理解できるか / 再表現できるか

  m. 図形の名前

B －成人のための glotto-kit の枠組み

  1. 読解

    a. 黙読能力

    b. 読みの流暢さ

  2. 口頭での産出能力

    a. 口頭での産出の流暢さ

    b. 教養ある語彙[19] 使用の能力

    c. 方言の無意識的な名残り

    d. 名残りを超える方言の存在

    e. 方言のタイプ

  3. 理解力

    a. 日常で使われる口頭イタリア語の理解

    b. 会話で使用される教養ある語彙の理解

    c. 書面で使用される教養ある語彙の理解

C －義務教育・中等教育のための glotto-kit

  記号：**e** ＝小学校（Ⅰ（**1, 2** 年生）とⅡ（**3–5** 年生）の期間）

      m ＝初期中等教育

      S ＝後期中等教育の前期 **2** 年

      数字は **glotto-kit** のポイントを示す

    0.[20] 社会言語学的調査。調査のための方針は **T. De Mauro & M. Lodi** の *Lingua e dialetti*, **ed. Riuniti, Roma, 1979** にあり。

---

19 原文では vocabolario colto と記されている。いわゆる洗練された語彙のこと。本書では「教養ある語彙」と訳す。

20 punto zero を意味する。本章の資料 2 ～ 4 を参照のこと。

　　e1. 自然で、フォーマルではない状態での幼児語彙の維持

　　e2. 自然で、フォーマルではない状態での自己中心的言語[21] の維持

e3, m1, S1. 四つの状況のなかで、指示され、測定された話す言葉の流暢さ

　　　　　　イタリア語　　╱　　フォーマル
　　　　　　方言　　　╱　　インフォーマル

　　　　流暢さの指標：経験を 1 分間話す際の、適切な単語の数
　　　　　　　　　　　言いよどみや不活発な繰り返しの言葉を除く

e4, m2, S2. 綴り方の定着のための管理

　　指標：

　　a. 文字の形の一貫性：100 字の内の大きさや厚さの安定性

　　b. 100 の単語[22] のうちの有効な単語

　　c. 1）指示される 100 の大文字のうちの正しい使用[23]

　　　　 2）任意に書いた 100 の文字のうちの正しい大文字の使用[24]

　　d. 100 行の内、水平な行を続行できる能力

　　e. 100 行の内、左右のふちを保つ能力

e5, m3. ディスレクシアの兆候

　　a. 1 分間に話す間の音の[25] 数

　　b. 100 語の綴り方

e6, m4, S3. 読解能力

　　指標：

　　a. たどたどしい単語の数

　　b. 間違えた単語の数

　　c. つまずき繰り返した単語の数

　　d. 読みの速さ：1 分間に何単語を読むか

　　e. 意味が理解できる文章の数[26]

　　f. 黙読の能力

21　原文では linguaggio egocentrico と記されている。linguaggio egocentrico（自己中心的言語）とは、心理学者ジャン・ピアジェが用いた用語であり、言語を習得していく段階で、2 歳ごろから独り言のように話すことばを意味する。

22　原文では 100 legamenti と記されている。legamenti は「結合」を意味するが、ここでは文字の結合という意味で、単語と訳す。つまり 100 の単語のうち、いくつ正確に書けるかを測る。

23　教師が単語を提示し、そのなかで頭文字に大文字を使う語を 100 提示する。生徒がいくつ正確に書けるかを測る。

24　生徒が自由に 100 文字の文章を書き、いくつ正しく大文字を使用しているかを測る。

25　原文では fonica（音の）と記されている。ここでは音節を指す。

26　聞き手にとって理解できるかどうかを意味する。

> **e7, m5, S4.** 基本的語彙の豊かさ。聞いたことのない言葉、聞いたことがあるが意味がわからない言葉、知っているが使わない言葉、使用する言葉
> **m6, S5.** 統語の変換能力（並列文を従属文[27]に置き換えられるか）。副詞を用い、等位文を従属接続節に変換する能力
> **m7, S6.** 教師の説明中に割り込み、適切に質問する能力
> **m8, S7.** ノートを取る能力
> **m9, S8.** メモをもとに、口頭や書面で報告する能力
> **S9.** 辞書（**Zingarelli, Xed., 1970**）[28] の見出し語に対する理解語彙の豊かさ

（資料 10　Gensini & Vedovelli, 1983: 92–93/ 筆者訳）

　デ・マウロは glotto-kit を「生徒が置かれた環境下で、言語状況や、生徒の言語能力の発達程度や発達方法を、教師に速やかに認識させるための手段」と定義する（De Mauro, 1983b: 12）。また、開発の中心的役割を担い、著者でもあるジェンシィーニとヴェドヴェッリは glotto-kit が「教師に言語教育活動の計画を実行させるための手段」であり、また「生徒の言語実態を示す手段一式」でもある（Gensini & Vedovelli, 1983: 75）と定義している。つまり、glotto-kit は、教師が発達段階にある生徒の言語能力や言語実態を把握し、評価するための共通指標であるとともに、その結果を教育実践へと移行する契機となるツールである。

　このことからデ・マウロは、民主的言語教育の理念にもとづき、教師養成や教授法を構想しただけではなく、それと並行して、評価指標も作成していたことがわかる。言語の評価指標としては 1975 年にファン・エックが、*The threshold level* を発表し（van Ek, 1975）、これが後に CEFR に応用されたことは知られているが、これと同時期に 1980 年代のイタリアでは、民主的言語教育の文脈で glotto-kit と称する言語能力評価の共通指標が開発されていたのである。この glotto-kit を解明するため、まず、*Teoria e pratica del glotto-kit* において開発者が解説する glotto-kit の有用性と理論を検証し、そのうえでデ・マウロ自身による glotto-kit の理解を検討し、考察を加えたい。

27　原文でそれぞれ paratassi、ipotassi と記されている。言語学の用語で、前者は文、節、句を接続詞なしに構成された文（英語：parataxis）を指し、後者は文、節、句を、接続詞を用いて構成された文（英語：hypotaxis）を指す。

28　出版社 Zanichelli の辞書 *Vocabolario della lingua italiana / Nicola Zingarell* を指す。

3.3.2　glotto-kit の有用性と理論

　Teoria del glotto-kit の第一部は glotto-kit の有用性や、また基盤となる理論を解説している。有用性として「自律性」、「正確性」、「作業の迅速性」、「伝達力」、「柔軟性」、「教授の一貫性」、「形成的能力」の七項目を指摘している。

　まず、「自律性」とは、教科書だけでは補いきれない学校の状況に応じて、教師が自律的に授業を運営することを示している。それにより各々のクラス、またそこに存在する特定の集団や個々の生徒に合わせ、多様な改善を可能とする。また、「正確性」とは、glotto-kit が有する科学的背景を意味するものである。教師から提言される調査は科学的な根拠にもとづいており、データ収集に関しても客観性を担保している。「作業の迅速性」とは、個々に分断された時間割の効果的な橋渡しとなることを意味する。学校教育における時間割は過度に分割され、また教師も分散され配置されている。glotto-kit はそれらを速やかに結集させる効果がある。「伝達力」とは、生徒の持つ言語能力を教師が容易に判断できることを意味する。多数の言語現象のなかから、評価項目があげられていることで、教師は生徒の言語能力をいかなるポイントで判断すればよいか明確になる。「柔軟性」とは、glotto-kit が異なる言語状況に適応し、授業計画を設計できることを意味するもので、その授業計画は個々の教育活動に直結しつつも、「教授の一貫性」を保っている。また、「形成的能力」とは、授業計画にあたって、状況に合わせ、授業を形成してゆく必要があるが、その際に教師が専門家として、理論にもとづきよりよい視点を持って授業を改善できる能力を意味する（Gensini & Vedovelli, 1983: 79–82）。

　次に開発者は、glotto-kit の有用性から得られる効果として具体的に以下の四点をあげる。

　第一に、glotto-kit は生徒の言語領域に適した教育計画に介入できる（*Ibid.*: 82–83）。第二に、生徒の話し方や読み方、書き方、理解（聞き方）を分析することにより、クラス内の言語能力の下位グループに配慮した教授が行える（*Ibid.*: 83–84）。第三に、言語能力の正確な測定やその発達のための手段を glotto-kit に与え、教師が特殊な専門性を持たずとも妥当性と信頼性を持っ

て学年ごと、また小・中学校、高校ごとに言語能力を測り、どのような言語
能力を課すのかといった疑問に答えを与える[29]（*Ibid.*: 85）。第四に、幼児期
の言語形成や自己中心的言語の状態、さらに難読症だけではなく、語彙習得
などの認知言語能力を教師が認識する（*Ibid.*: 87–89）。

　つまり glotto-kit は、教育関係者の共通の枠組みとなり、個々の生徒や
個々の共同体の言語状況を把握し、現場に適した言語教育計画を策定し、業
務連携するツールとして考えられていた。また、その教育は言語的弱者に向
けられていた。glotto-kit は、これまで何ら検証もなく国語としてのイタリ
ア語教育を行ってきた教師に言語の評価指標を示すもので、生徒の言語能力
の問題点に注目させ、その能力を補完する教育へと向ける効果を期待してい
る。その指標は当時の最新の理論を基盤とするもので、教師は専門知識を持
たずとも言語能力の判断が客観的に行えるよう構成されていた。続いて第二
部では、その基盤となる理論に関してより詳細に論じられている。

　第二部「glotto-kit の理論」は、「環境についての社会・文化・言語調査」
「幼児語彙や自己中心的言語の維持」「発話の流暢さ」「筆記の定着とディス
レクシア[30]」「読み能力」「基本的な理解語彙量の検証」「基本的な理解語彙の
認知度」「言語教育のための統語手段」「機能語の理解」「適切な言語・文化
移動のための三つの能力：話に割り込むこと・ノートテイキング・筋書きに
もとづいて述べること」の 10 項目を解説する。

　「環境についての社会・文化・言語調査」は社会言語学の理論を基盤とす
る glotto-kit の punto zero、つまり前述の使用言語調査を指す。この調査を
glotto-kit に導入するのは、生徒の言語能力形成に影響を与える言語環境を
把握するためである（*Ibid.*: 97）。

29　その複雑な行動能力の証明を可能にするものとして、punto zero をあげる。punto zero
によって親の職業や学歴、出生を調査することで、教師は生徒の使用言語を理解し、その
起源となる言語環境を受容し、彼らの社会文化や社会言語を位置づけ、生徒のコミュニ
ケーションの計画を実現してゆくと考える（*Ibid.*, 86–87）。

30　1881 年にドイツ人医師のオズワルド・バーカン（Oswald Berkhan, 1834–1917）によっ
て発見された失語症を指す。後に、ドイツ人眼科医のルドルフ・ベルリン（Rudolf Berlin,
1833–1897）によってディスレクシアと命名される。読み書きに著しい困難を伴う障害であ
り、現在では発達障害の学習障害に位置づけられる。

　「幼児語彙や自己中心的言語の維持」は言語の自然習得や段階的発達の理論を根拠とするもので、幼児語における音韻や統語の単純化[31]や、また発達心理学者ジャン・ピアジェ（Jean Piaget, 1896–1980）が提唱した自己中心的言語、いわゆる、他者へ向けられることのない幼児の独り言に配慮している（*Ibid.*: 118–119）。

　「発話の流暢さ」は、当時発展してきた言語科学に由来する[32]。話す能力が人間の先天的能力ではなく、後天的能力であると証明されたことから、それを考慮したうえで、生徒の発話の流暢さを測ることを提案する。これまで意識されることのなかった流暢さに着目し、口頭表現能力を育成することは、子供たちに社会・文化的生活に効果的な統合や参加のための言語手段を授けることになる（*Ibid.*: 124–125）。

　「筆記の定着とディスレクシア」は病理学の理論を根拠とする。「筆記の定着」は生徒が音を認知し、書記記号に転換するための手段、つまり記号や規則を持ち得ているかを判断する（*Ibid.*: 141）。また、「ディスレクシア」は、生徒が正しく書けないことがディスレクシアによるものなのか、もしくは経験不足による読み書き能力の欠如にすぎないのか判断する（*Ibid.*: 145）。

　「読み能力」は個人の身体、また精神に関わる複雑な行動である。読む行為は視点を左右上下へと移動させ、あるいはある点からある点へと飛躍させる。その行動が、書記内容の知覚へとつながる。もし生徒がこのような視点の動きができず、すぐに疲労してしまうのであれば、生徒の読む能力は向上しない。学校はその能力を習慣づけ、形成する場でなければならない。生徒自らが書記空間の構造を知覚し、音と記号を結ぶ関係性を作り上げ、理解しているかに着目すべきであるとする（*Ibid.*: 160–161）。

　「基本的な理解語彙量の検証」と「基本的な理解語彙の認知度」は計量語彙論にもとづく語彙の選定を論じている。これまでのイタリア語辞書には

31　例として、幼児期には《acqua（水）》が《buonba》、《scarpe（靴）》が《peppe》と表現されることをあげている。

32　言語科学の論拠としてデ・マウロの "Per un avviamento all'uso critico delle scienze linguistiche"「言語科学の批判的利用の入門のために」*Quaderini del Cidi*, nn.1–2 (1976), 5 (1977), 6 (1978) があげられている。

6〜11万語が掲載されているが、それらの語彙は任意に選択されている。そこで、デ・マウロは語彙の頻度に着目し、作成した11〜13歳に必要な6690語の語彙リスト[33]を教育現場に活かすことを提言する。そして、さらにそれら語彙の認知度を調査し、精査し、最も認知度の高い2000語、次に認知度の高い約3000語、加えてイタリア語話者として必要と考えられる約1700語の3段階に分類している。それだけでなく、年齢別（例えば、中学3年、あるいは幼稚園の3, 4歳）に基準となる語彙リストも提示している（*Ibid.*: 170–173, 188–196）。

「言語教育のための統語手段」は計量的な視点から、構造言語学に異議を唱えるものである。統語は文脈によって自在に形を変えるため、実際の言語は学校文法で習う文語と異なることを、口語文法の使用頻度の比較によって例示している。例えば、名詞節と動詞節の割合や、従属節の役割（原因、目的、時間を示すなど）、動詞の様態（直説法、間説法、条件法、命令法など）の頻度の分析結果を実際に示し、通常のイタリア語の口語と書き言葉が異なることを明らかにしている。これを根拠に、これまで学校文法で限定されてきた伝統的な統語や文法の意識を刷新し、その現実的な使用頻度に則って言語教育を行うことを提案する（*Ibid.*: 197–207）。

「機能語の理解」も計量言語学的視点から、使用頻度に着目する。ここでの機能語とは、例えばcome, mentre, dove, quando, perchèなど文法機能を持つ接続詞を指す。生徒によるこれらの使用を分析し、彼らが学校文法とは異なる用法で機能語を用いていることを明らかにしたうえで、学校文法と実際の使用に隔たりがあることを指摘する。学校教育では口語で教授し、生徒の使用語彙で理解できる文を提示する必要があり、それによって受容・産出能力を育成し、生徒自身が言語能力を自律的に評価する能力を形成すると主張する（*Ibid.*: 208–218）。

33　glotto-kitに関わる教師たちの協力で作成された（Gensini & Vedovelli, 1983: 178）語彙リストは1980年に *Guida all'uso delle parole*『言葉の使用のための手引き』（De Mauro, 1980: 151–170）で発表された。それを精査したものが「基本語彙理解のパラメーター」であり、6690のうち中学3年生（14歳）で最も認知されている語彙を1100、また幼稚園児（3, 4歳）の理解語彙を600に整備し、リスト化した（Gensini & Vedovelli, 1983: 188–196）。

　「適切な言語・文化移動のための三つの能力：話に割り込むこと・ノートテイキング・筋書きにもとづいて述べること」は、ここまで検証してきた基本的言語能力の獲得を経て、より高度なレベルの統合的な言語能力に関わるものである。「話に割り込むこと」は説明に対し、要点を外さず適切に発言を差し入れることができるか、「ノートテイキング」は授業を聴き取りノートにまとめることができるか、「筋書きにもとづいて述べること」はまとめたメモに沿って、その内容を口頭で伝えられるかといった能力を指す。どれも単純な言語能力ではない、より成熟した能力が求められる。これらは、例えば政治家などが行う複雑なスピーチや、教科書以上に難解な文書を正確に理解できるようになるための訓練となる。課題のなかで生徒が話し、書くことを通して、言語空間に自身を位置づけることができる[34]。これは言語能力向上を目的とする以上に、市民性や民主的な目的を持った授業となり、glotto-kit の m9 と S8 が、目指す最も上位に位置すると論じる（Ibid.: 219–228）。

　これら glotto-kit の理論としてあげられた項目には、前述の通り当時の最新の研究が積極的に応用されていたことがわかる。例えば、「幼児語彙や自己中心的言語の維持」においては言語の自然習得や発達心理学におけるピアジェの理論が反映されている。また「発話の流暢さ」は、言語が先天的能力ではなく、後天的な能力であることに配慮し、言語科学の視点からその能力をあげている。そして、「筆記の定着とディスレクシア」については、19 世紀末にドイツで発見された読み書きに関わる学習障害であるディスレクシアという病理学的な先天的障害の存在に配慮しつつ、その能力を測る。また、「基本的な理解語彙量の検証」「基本的な理解語彙の認知度」「言語教育のための統語手段」「機能語の理解」に関しては、計量言語学の観点を取り入れ、統計を用いるまではいかないものの、生徒の理解度を調査し、データとして数値化し、使用実態を解明することを試みている。glotto-kit はそれら最新の科学にもとづき、生徒の言語能力を測り、また向上させようとしていた。開発者らは、*Teoria e pratica del glotto-kit* が科学的理論に依拠していること

34　「言語空間に自身を位置づける」とは、状況にふさわしい言語使用が可能になることを意味する。

を詳らかに論じ、言語教育におけるその有用性を主張した。

　一方、本章で着目する複言語教育に関して、開発者の言説からその特徴は看取できない。では、glotto-kit にはその要素は包摂されていないのであろうか。それを明らかにするため、デ・マウロが *Teoria e pratica del glotto-kit* に寄せた二つの論考、"Nota introduttiva"「はじめに」（De Mauro, 1983b）、および "Per una nuova alfabetizzazione"「新たな識字化のために」（De Mauro, 1983c）の論文を検証し、デ・マウロがこの glotto-kit をいかに理解していたかを分析し、glotto-kit に複言語教育の要素が包摂されているかを考察する。

3.3.3　デ・マウロの glotto-kit の認識

　デ・マウロは *Teoria e pratica del glotto-kit* の "Nota introduttiva"（De Mauro, 1983b）において、glotto-kit の持つ学術的信頼性を論じ、そこに掲載されたデータを保証する。それぞれの学校の限られた状況ではあるが、glotto-kit を用いた言語調査によって、言語の実際の使用状況が把握可能となったこと、またそこから計測して得られた個々人の統語や語彙などのデータは言語学者にとって注目すべきものであると論じている（De Mauro, 1983b: 14）。

　この記述から、デ・マウロはまず、glotto-kit によって得られたデータは言語学者にとって有用であると考えていたことがわかる。そして、その言語データがこれまでの言語科学の視点とは異なり、いかに重要かを次のように論じている。

> 19 世紀の歴史・比較言語学 la linguistica storico-comparativa や古典構造主義 lo strutturalismo classico、変形生成構造主義 lo strutturalismo di stampo generativo-trasformazionale、意味論においては、言語を話すための機械 *machine à parler* のように見なしていた。言語学者は話者を無視し、言語の仕組みに関心を持っていた。初歩的な質問（各々がいくつの言葉を知っているのか？いくつの言語を所有しているのか？）は長らく忘れ去られていた。70 年代にエイヴラム・ノーム・チョムスキー[35]

35　Avram Noam Chomsky, 1928–

の支持者らが述べていたように、パロール *parole*、もしくは言語運用 *esecuzione* に関心は向けられることなく、それらは価値の低いものと考えられていた。glotto-kit に吹き込まれていることばの理論的概念はそれとは全く異なる。ソシュールが述べていたように、文化的、あるいは歴史的文脈のある時に話す個人を除外するなら、言語は一つの可能性、潜在性でしかなく、生きてはいない。言語学において話し手の重要性は、パリアーロやウィトゲンシュタインのような異なる理論によって、まさに改めて肯定されてきた。その考えが glotto-kit の調査に通底しており、今日、収集された膨大なデータによって彼らの概念が証明されるのである。

（*Ibid.*: 14/ 筆者訳 /（　）また、斜体は原文ママ）

　デ・マウロは言語科学のなかでも、歴史・比較言語学や古典構造主義、変形生成構造主義のような、文化や話者から分断され、純化された言語観を認めていない。glotto-kit で着目される言語はそれとは対照的で、ソシュールが述べたパロールを対象としている。つまり、ある社会的状況のなかで、ある話者によって話されたことばを重視する必要があると考えていた。一般的にソシュールは、その言語理論から構造言語学が前進したことから、構造言語学の起点として位置づけられている。しかし、ソシュールの理論はパロールをはじめ、地理的言語の多様性や言語波の伝播など、人と言語、また社会と言語との関わりも論じ、それらを軽視していない。少なくともこの言説から、デ・マウロはソシュールを構造主義を主張する言語学者とは見なしていない[36]。デ・マウロによれば、そのソシュールの理論を共有する研究者と

36　デ・マウロは『「ソシュール一般言語学講義」校注』の解説でソシュールの功績を以下のように評する。「今日の言語学、記号学、人類学がどれほどソシュールに負うところがあるかがわかる。『一般言語学講義』に収められている概念やテーマは思い思いの研究動向で本質的なものとして扱われている。『講義』を想起するものとして、メイエとゾンマーフェルトの社会言語学、バイイのジュネーブ派文体論、セシュエの心理学的言語学、フレエとマルティネの機能主義者、デヴォートとネンチオーニのイタリアの社会慣例主義者、カルツェフスキー、トルベツコイそれにヤコブソンのプラハ学派の音韻論学者・構造主義者、マンデルブロトとヘルダンの数学的言語、ウルマン、プリエト、トリーア、ライオンズの

してアントニオ・パリアーロ（Antonino Pagliaro, 1898–1973）とルートヴィ
ヒ・ウィトゲンシュタイン（Ludwig Josef Johann Wittgenstein, 1889–1951）を
引用している。パリアーロは言語哲学者であり、ローマ・サピエンツァ大学
におけるデ・マウロの師である。パリアーロが研究対象とする言語は、ある
瞬間に表される発話にあった。つまり、その発話とは、ある文脈のなかで、
個人がその瞬間に意識した内容を、話し手や書き手となって表した言葉であ
る[37]。一方、ウィトゲンシュタインは『論理哲学論考』や『哲学探究』など
を執筆し[38]、言語や意味の考察を通して、分析哲学の形成と展開に多大な影
響を与えた哲学者である。ウィトゲンシュタインは『哲学探究』で言語活動
をゲームに見立て、「言語ゲーム」と形容する。言語活動は語が使用される
慣用に支えられたルールのなかで、環境に応じ、他者との相互作用によって
成立する活動[39]であり、すなわち言語の意味も人間の活動なしには成立しな
いと分析した（ウィトゲンシュタイン，1976: 15–33, 1997: 1–17）。つまり、

意味論、ブレッソンとオズクッドの心理言語学、パリアーロとコゼリュの歴史主義があり、
なおブルームフィールド〔以後の学派は別として〕、イエルムスレフとグロセマティック学
派、チョムスキー〔支持者たちはそれほどでもないが〕がある。（デ・マウロ，1976: XIV–
XV,〔 〕原文ママ）」この解説からデ・マウロが、ソシュールが構造言語学に限らず、多様
な研究分野の発展に寄与したと認識していたことが判断できる。

37　Dizionario Biografico degli Italiani - Volume 80（2014）. http://www.treccani.it/enciclopedia/
antonino-pagliaro_%28Dizionario-Biografico%29/ パリアーロに関する記事はデ・マウロによ
るものである。（2023年8月8日閲覧）

38　*Tractatus logico-philosophicus*『論理哲学論考』の出版年は1922年、*Philosophische
Untersuchungen*『哲学探究』は1953年である。ウィトゲンシュタインの言語観は、『論理
哲学論考』で数学的考察に傾倒していたのに対し、『哲学探究』では数学的に説明し得ない
事象の考察へと転向した。デ・マウロはその理由として、ウィトゲンシュタインがイギリ
スで知り合ったグラムシの親友ピエロ・スラッファ（Piero Straffa, 1898–1983）との議論や
言語体験、またオーストリアの山岳地方で小学校教師をした体験を通して、話すことは計
算とは大きく異なるものであり、言語は数学とは違い、より奥深いものであると気づくよ
うになったためであると考察している（De Maruo, 1980: 65–70）。

39　例えば、ある建築現場で「石板五枚！」という語が報告となるか命令となるかは、言
語ゲームにおいて、その言葉を発する者が担う役割によって異なる。また、それは語の発
音される調子や顔つきやその他の状況で変わる場合もあれば、報告と命令が同じ調子で発
せられる場合もある。疑問文であっても言語の実際の使用においては「～してくださいま
すか」といった命令の機能を持つこともある。つまり、言語は使用される状況によってそ
の意味が異なるというのがウィトゲンシュタインの理論である。

パリアーロもウィトゲンシュタインも人の社会的活動と言語は分断できない
と考えている。glotto-kit は、これら論者が述べるような社会的文脈におけ
る言語使用に着目している。

　デ・マウロは続く "Per una nuova alfabetizzazione"（De Mauro, 1983c）の
"Qualche nota teorica"「ある理論メモ」で、再びソシュールを援用する。近
年では意味論や統語論、語用論などが話者の言語使用に着目し始めたことを
評価し、それらの原点にソシュールがあると以下のように言及する。

> 　かつてソシュールが論じたように、今日ますます、ことばによるコミュ
> ニケーションは《社会的記号論 semiotica sociale》という自然な言語使用
> のなかで明らかになり、近頃発表されているいくつかの批判的学説に
> よって、それが見直されている。
>
> 　　　　　　　　　　　（De Mauro, 1983c: 20/ 筆者訳 /《　》は原文ママ）

　当時の言語研究は、かつてソシュールも着目していたように、言語の社会
的側面に焦点が当てられるようになり、議論が高まりつつあった。デ・マウ
ロが重視する言語とは、ソシュールも論じた社会的側面を持つ言語である。
　デ・マウロは、チョムスキーなどが論じる生成文法をはじめとする、言語
の社会性を排除した言語学の理論に異議を唱え、パリアーロ、またウィトゲ
ンシュタインが主張する、社会と言語、あるいは人と言語の関係を重視する
言語観に賛同している。そして、その中心にはソシュールによって認識され
ることとなったパロール、つまりある社会的文脈で、ある話者によって話さ
れたことばが存在する。それは社会活動のなかで、適宜、産出される無数の
言語のバリエーションである。そして、これが glotto-kit の言語学的な立脚
点となっているのである。つまり、glotto-kit は規範化された言語、つまり
唯一とされるスタンダードなイタリア語を基準としていない。イタリア語と
いう個別言語が本質的には個人によって、また状況によって、さまざまに変
容することを前提とし、それゆえ個々人の言語のあらゆる多様性を承認する
のである。そこには plurilinguismo の概念が読み取れる。
　また、デ・マウロはこれら理論を背景に、次の三点が説明できると続け

る。第一に、言語の違いは時代や場所の違いによって存在するだけではなく、同じ時間や同じ空間に存在する共同体においても、社会階層による言語変種が存在すること、第二に、言語能力は知性や文化、社会性が重要であること、第三に、個々人の言語資源は、たとえ始めは乏しくとも、発展が可能なことである（*Ibid.*: 20–21）。これらの視点にもとづく教育が重要であると考えた。

　デ・マウロは言語教育に、当時見直され始めた言語の社会的側面を包摂する言語学の理論を援用し、言語の複数性を前提としたうえで、個人の言語能力に焦点を当てようとした。たとえ同時代の同じ社会に生きる者であっても、社会環境によって個々人の言語能力が異なるという立場に立つ。そのうえで、個々の言語資源、つまり言語能力は発展できると考えていた。

　デ・マウロは言語能力の発展を解説するために、続いて言語空間 spazio linguistico という概念を提示する。

　　言葉を獲得すると、私たちは言語空間を自由に移動できるようになる。

（Ibid.: 21/ 筆者訳）

　このようにデ・マウロは、言葉を所有すること、つまり言葉の獲得によって、我々は言語空間における移動が確実になると断言する。

　では、この言語空間とはいったい何か。デ・マウロは、言語空間は三つの座標軸 coordinate[40] によって定められる空間であると解説する。まず、1. 最もインフォーマルな状況から、最もフォーマルな状況へ向かう座標軸、次に、2. 最も私的な言語から最も公的で一般的な言語へ向かう座標軸、そして、3. シニフィアンという外形 corpo を与えるための座標軸（*Ibid.*: 21–22）である。この言語空間については、第一章、第二節 "Spazio linguistico in Italia"「イタリアの言語空間」（Gensini & Vedovelli, 1983: 30–73）に glotto-kit の開発者の一人、ジェンシィーニの説明[41]があるが、本書ではデ・マウロの

40　デ・マウロはこの座標軸をパラメーター parametri とも形容している。

41　ジェンシィーニはこれら座標軸に関して、「使用領域（地元、地方、スタンダード）」「取り決められた状況的表現（インフォーマルな、フォーマルな、よりフォーマルな）」

解説による言語空間を引用し、明らかにしたい。これはデ・マウロの *Guida all'uso delle parole*『言葉の使用のための手引き』（De Mauro, 1980: 108）に図表として示され、解説されている。

　資料 11 がデ・マウロの規定する言語空間であり、これはウィトゲンシュタインの言語観に着想を得て、デ・マウロが「言語空間」として、イタリア語に適応させ、図式化したものである（De Mauro, 1980: 108）。

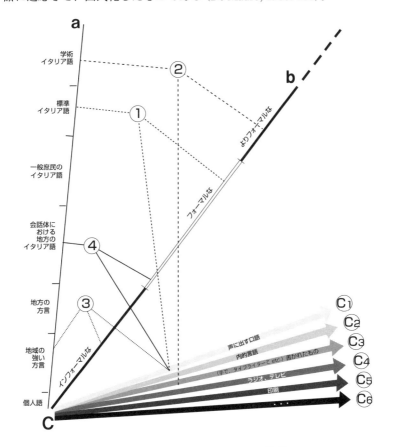

（資料 11　De Mauro, 1980: 108）

「チャンネル（口語と文語、内的言語、ラジオを通して、テレビを通して、など）」と解説する（Gensini & Vedovelli, 1983: 44–45）。

　まず、a. の座標は内から外へ向けて「個人語 idiolettale[42]」「地域の強い方言 dialetto locale stretto」「地方の方言 dialetto regionale」「会話体における地方のイタリア語 italiano regionale colloquiale」「一般庶民のイタリア語 italiano popolare unitario」「標準イタリア語 italiano standard」「学術イタリア語 italiano scentifico」と並ぶ。つまり最も私的な言語から最も一般的で公的な言語へのイタリア語のバリエーションを示している（前述の2に相当）。b. の座標軸は内から外へ向けて「インフォーマルな informale」「フォーマルな formale」「よりフォーマルな formalizzato」とある。つまり最もインフォーマルな状況から、最もフォーマルな状況を示している（前述の1に相当）。c. の座標は下から上へ向けて「…」「印刷 stampa」「ラジオ・テレビ radio.tv」「（手で、タイプライターで、etc...）書かれたもの scritto (a mano, dattiloscritto, ecc...)」「内的言語 endofascio」「声に出す口語 parlato a voce」を例示している。つまり言葉として外形化（外発的発話や内発的発話、あるいは書記化）される際の状況を表している（前述の3に相当）。

　デ・マウロは、この三つの座標を基本とし、言語は表出されると論じる。その例を示したのが資料12の1〜4である。

　資料12の1〜4は資料11の言語空間の①〜④に相当し、「塩」を表現する場面を描写したイラストを用いて具体例をあげている。1は教師が「塩とはミ…を意味する」“Intendersi per sale un mi...”と解説する場面である。標準イタリア語を用い、学校というフォーマルな状況下で、教師の発話によって表出した場合を表す。一方2は教師が黒板に化学記号 “NaCl” を書く場面である。学術的な記号を用い、フォーマル状況下で、教師の板書によって表現した場合を表している。また、3は地域の強い方言（例はナポリ方言）、あるいは4は会話体における地方のイタリア語を用いて「塩を取って（ください）」と述べている場面である。このように「塩」を表現するだけでも、その言葉が使用される状況によって、表現の状況はさまざまであることを例示している。

42　idiolettale は idioletto の形容詞である。idioletto とは、ある特定の瞬間において、表出される個人の特徴的な言葉の総称。本書では個人語と訳す。

（資料 12　Ibid.: 109）

　デ・マウロはこの言語空間を図式化することにより、イタリアにおいては
スタンダードなイタリア語だけが存在するのではなく、社会環境に応じて多
様な表現が可能であることを示したかったのである。それは、これまでの伝
統的言語教育で重んじられてきた、「正しいイタリア語」の概念を覆すだけ
ではなく、イタリアの複言語状態を可視化したものである。
　また、言語能力によって言語空間で自身を適切に位置づけることが可能に
なるとも論じている。

　　ある発話を産出し理解することは、こうして定義された言語空間におい
　　て、的確に自身を位置づけできることを意味する。言葉の力によって、
　　私たちは広大な空間を移動できる。その空間は、それぞれ他のコミュニ
　　ケーション空間との関係のなかで、より豊かで、広大でありながらも、
　　的確な座標軸によって決定づけられる。（中略）言語とは、私たちの個
　　人的、あるいは社会的な活動の多くを実現可能とするものであり、私た
　　ちの文化全体に浸透しており、条件づけられているのだ。

（De Mauro, 1983c: 22/ 筆者訳）

　言語空間は広く、無限にも感じられる。しかし、デ・マウロによれば、も
し個人が必要となる言語を使用できれば、適切なコミュニケーションが可能
となる。それは、言語空間にある座標軸に自分自身を配置し、また移動する
ようなものである。そして、豊かで広大な言語空間において、ある言語を使
用する状況下でその言語能力が発揮できれば、我々の社会活動は可能になる
というのである。そして、この言語と文化の関係性を次のようにも考察して
いる。

　　言語能力と文化能力、また、言語資源と文化資源の関係は、私たちのな
　　かで恒常的に循環するものであり、片方なくしては成立しえないもので
　　ある。私たちは、文化的空間の流動性を高めることにより、徐々により
　　多くの言葉を所有してゆき、言語空間のなかで言葉の所有と移動性を発
　　達させることにより、徐々にそのような能力を豊かにする。

　　　　　　　　　　　　　　　　　　　　　　　　（*Ibid.*: 23/ 筆者訳）

　デ・マウロはここで、言語と文化の分断は不可能であり、両者は相互関係
を築き存在していると主張する。そのような状況において、我々は文化空間
を移動することで、より多くの言語を獲得してゆく。その絶え間ない活動の
循環によって、人は言語能力や文化能力を高め、言語空間をより自由に移動
する力を得る。
　デ・マウロはこの言語空間という新たな理論的枠組みが、言語的に不利益
な状況に置かれた個人や社会に対して、新たに、明らかに大きな変化を与え
ると論じた。ある言語コミュニティーにおいて優位な言語を持たない人々
は、社会参加が困難な状況に置かれているが、言語的多様性の理論をもっ
て、その状況を変えることができると主張したのである（*Ibid.*: 24）。
　デ・マウロが提示したこの言語空間は、社会と言語の関係性だけではな
く、言語の持つ複数性をも示している。それぞれの場面に適した言語を獲得
する必要性を明示し、多様な言語能力、つまり複言語能力の獲得の重要性を
説くものでもある。この言語空間はデ・マウロの plurilinguismo の概念が可
視化されたものであるといっても過言ではない。イタリア社会にはさまざま

な文化領域、あるいは社会領域が複数存在することを言語空間によって示し、それぞれのコミュニティーと結束するために、方言や少数言語のみならず、共通語としてのイタリア語の多様な言語バリエーションを獲得し、自由にその空間を移動する能力が必要であると考えた。この言語空間の概念をglotto-kit に取り入れることで、教育を変革し、言語的弱者に複言語能力を与えようとしたのである。

　では、この言語空間の概念は glotto-kit にいかに反映されたのであろうか。そして、デ・マウロの理論に通底する複言語状態や複言語能力、いわゆるplurilinguismo はいかに評価指標のなかに応用されたのであろうか。以下、glotto-kit の分析を行う。

3.3.4　glotto-kit が内包する plurilinguismo

　言語空間の視座から改めて glotto-kit（資料 10）を分析する。「A − 幼稚園」「B − 成人」「C − 義務教育・中等教育」のそれぞれの項目を省察すると、「punto zero」、そして「語彙」、「スタイル（文体）」、「記号」の四つの点において plurilinguismo の特徴が認められる。

　第一に、「punto zero」に関して考察する。

　これは「C − 義務教育・中等教育」で取り入れられた「0」の項目を指す。punto zero は教師や教育現場が行う生徒の使用言語調査であり、その目的は生徒の置かれた多様な言語環境とその能力を明らかにすること、また関係者と情報を共有することであった。それが学校にも存在する複言語状態への対応に教師を向かわせる役割を持つことは既に論じた。

　言語空間の視点から punto zero を考察すれば、この調査は言語空間における生徒の言語能力の位置の把握を可能にする。glotto-kit では学年の開始時に punto zero の調査を行うことを推奨している。この調査によって、教師は生徒がどの言語空間にいるか把握でき、生徒、あるいは生徒に関わる人々が普段どのような空間に位置し、いかなる移動を行っているかがより明確になる。つまり、punto zero は生徒の置かれた言語環境や言語能力を理解することを助け、生徒のその多様な言語能力の洞察へと教師の意識を向かわせる。

　第二に「語彙」に関わる項目を考察する。

　「A‐幼稚園」では、「b. 幼児語彙の持続」にそれに関する指標がある。「幼児語彙[43]」は、言語空間においては座標軸aの「インフォーマル」、また座標軸bの「個人語」の交差する点に配置される。

　次に「B‐成人」では「2. 口頭での産出能力」に「b. 教養ある語彙使用の能力」、また「3. 理解力」に「b. 会話で使用される教養ある語彙の理解」「c. 書面で使用される教養ある語彙の理解」とある。これらに示される「教養ある語彙」とは、言語空間では中心点から遠くに位置する座標軸bの「フォーマルな」あるいは「よりフォーマルな」語彙に位置する。これは前述の「塩」と「NaCl」ではどちらが教養ある語彙かを考えればわかりやすい。また、「会話」か「書面」かという違いは座標軸cの「声に出す口語」なのか、あるいは「印刷」や「（手で、タイプライターで、etc…）書かれたもの」なのかといった表出条件による産出とその理解が評価の指標となっている。

　「C‐義務教育・中等教育」では「e1. 自然で、フォーマルではない状態での幼児語彙の維持」とあり、小学校においても「幼児語彙」の表出を認めている。また、「e7, m5, S4. 基本的語彙の豊かさ」の「基本的語彙」とは前述の De Mauro（1980）であげられている 11〜13 歳に必要となる「基本語彙」、約 7000 語彙を指す。続いて、「S9. 辞書（Zingarelli, Xed., 1970）の見出し語に対する理解語彙の豊かさ」とある。この Zingarelli 社の辞書はイタリアの代表的辞書であり、当時約 12 万語を収録していた。つまり、義務教育のそれぞれの段階で獲得すべき語彙として、より身近な語彙から、より広範な語彙へと拡張している。

　これらから、glotto-kit は成長過程に応じて所有すべき語彙の種類が異なることを認識させると同時に、年齢に応じて「幼児語彙」、「基本語彙」、「代表的辞書における語彙」、あるいは「教養ある語彙」を獲得してゆく必要性が示されている。これは言語空間のイメージとも一致する。言語空間の a の

43　幼児語彙に関する明確な定義は確認できないが、"Persistenze di vocabolario infantile e di linguaggio egocentrico"「幼児語彙や自己中心的言語の維持」において、子供は義務教育を受ける以前の 5–6 歳までに、母語となる文法や語用を既に自由に使うことができていると同時に、多数の語彙もその段階で所有していると指摘している（Gensin & Vedovelli, 1983: 113）。つまり、幼児語彙とは義務教育以前に獲得する語彙を意味すると考えられる。

座標軸でいえば、「個人語」から「学術イタリア語」への拡張でもあり、bの座標軸でいえば「インフォーマルな」語彙から「よりフォーマルな」語彙までの選択の可能性でもある。そしてcの座標軸によって最終的に表出される語彙が決定する。glotto-kit が提示する語彙のこれらの項目は、その多様性や複数性に着眼するものであり、語彙力の拡張を想像させる。

　第三に、「スタイル（文体）」を考察する。スタイルは言い換えるなら方言かスタンダードか、あるいはフォーマルかインフォーマルかといった状況に応じた文体を意味する。

　まず、「A－幼稚園」においてはそのスタイルに関する言及はない。項目を見ると、「幼児語彙」や「自分の名前」、「友人の名前」、「既知の単語の数」、あるいは「図形の名前」などの発話や理解ができる単語を指標として示すのみである。そのため、幼児期においては文の産出以前に、単語が理解でき、発話できるかを重視しているため、文体には着目していない。

　「B－成人」においては、「2.　口頭での産出能力」において、「c.　方言の無意識的な名残り」「d.　名残りを超える方言の存在」「e.　方言のタイプ」など「方言」のスタイルがどの程度、話す言葉に表れるのか、またいかなる方言のタイプを使用するかに着目している。一方「3.　理解力」では、「a.　日常で使われる口頭イタリア語の理解」をあげている。これは、方言ではない日常的なイタリア語の文体の理解力があるかを判断するものである。これを言語空間において参照すれば、個々の成人の口頭能力や理解力が、座標軸a「個人語」「地域の強い方言」「地方の方言」「会話体における地方のイタリア語」「一般庶民のイタリア語」「標準イタリア語」のどの座標にあるか把握でき、その者が持つ言語能力が判断できる。

　「C－義務教育・中等教育」には「e3, m1, S1.　四つの状況のなかで、指示され、測定された話す言葉の流暢さ」がある。この四つの状況として「イタリア語／方言／フォーマル／インフォーマル」があげられている。この項目は、生徒が選択する文体によってその流暢さが異なると考えるもので、それぞれの文体で話す際の流暢さを観察することを指示している。言語空間に置き換えれば、bの座標軸「インフォーマルな」話し方から「よりフォーマルな」話し方まで、また、aの座標軸「個人語」の話し方から「標準イタリア

語」の話し方まで、どの位置で生徒がいかほど流暢かを測る。それにより、生徒が各空間においてどの程度言語能力を獲得しているか把握が可能である。

　これらから、glotto-kit のスタイル（文体）に関する指標も言語空間の概念が反映されていることがわかる。幼児期は言葉を理解し、産出できればよく、文体までは重視しない。たとえ文を産出したとしても、それは彼らにとって、ごく身近な言語空間で使用されるスタイルである。しかし、義務教育に入ったのち、生徒たちはその狭い言語空間に留まっているわけではない。学校教育においてさまざまな文化的背景を持つ生徒が集まるなかで、方言で話す者はイタリア語を、またイタリア語を話す者は方言に触れる機会を得て、場面に応じたスタイルを獲得していく。そして、このスタイルの獲得が複言語能力となる。

　最後に「記号」に関わる項目を検証したい。「A－幼稚園」には「a. 話す言葉の流暢さ」の判断指標の項目に「無意味な単語 parole vuote」「音象徴 fonosimboli」などが含まれる。「無意味な単語」とは、幼児が発する意味を伴わない記号であり、シニフィアンとシニフィエがまだ一致しない状態を指す。また、「音象徴」は音をそのまま口に出すオノマトペのようなものである。glotto-kit は、これらも言語能力の観察指標にし、一般的には見過ごされるこれら発話にも言語としての価値を与えている。これらは、言語空間では最も中心に近い「個人語」に該当し、よって一つの言語能力である。それは、ジェスチャーでさえも意味を伝達する大切な記号であると認識したデ・マウロの複言語状態（伝達手段としてのことばに多様な記号が存在する状態）の概念がこの項目に込められている。

　ここまで glotto-kit の四つの項目を、言語空間と対比し、考察を行った。「punto zero」や「語彙」、「スタイル（文体）」、「記号」の項目からまず明らかになるのは、glotto-kit は標準イタリア語が言語能力の基準ではないことである。言語が使用される領域と、それに伴う言語の多様性を基準とし、あらゆる角度から言語能力を判断している。そして、個人が生産する言語が幼児語彙であれ、方言であれ、単なる音として発した言葉であれ、それらをも評価するのである。glotto-kit の指標には、デ・マウロが構想した言語空間が反映されており、そこには複言語状態、また複言語能力といった

plurilinguismo の概念が確実に内包されている。glotto-kit はこの言語空間を基盤として、世代別、あるいは学年齢別に応じて、獲得する言語バリエーションが異なることを指標として示すことに成功し、我々がその年齢に応じて、移動可能な言語領域を拡張していくことを明示している。

　最後に、glotto-kit で扱われない「正確さ」に関して言及したい。一般的に言語能力を評価する際、正確さが重視される。しかし、glotto-kit において、正確さに関する指標は、単語の綴り方に見られるのみで、それ以外に一つもない。なぜなら、「正確さ」は言語の多様性を容認する概念とは対極にあるからである。そもそも民主的言語教育はこれまでの伝統的な言語教育、つまり「正しいイタリア語」を強要する教育に異議を唱えるものである。そのため、その評価に正確さを求める指標は適切ではないのである。それは glotto-kit に関わったデ・マウロとその研究チームの plurilinguismo に対する信念の表れともいえよう。

　デ・マウロは glotto-kit によって、生徒が持つあらゆる言語能力を承認し、その能力を測定しようとしただけではない。その指標を示すことによって、生徒をある言語領域に留まらせるのではなく、そこからさまざまな文化・社会領域に存在するイタリア語のバリエーションを獲得し、言語空間を自由に行き交うことを可能にするための方向性を示したのである。つまりそれは方言や少数言語、またイタリア語のバリエーションを含めた複言語能力の育成を目指す指標でもあったのだ。

4.　まとめ

　本章は、デ・マウロが民主的言語教育の下で構築した実践的言語教育を明らかにすると同時に、それを構成する「教師養成」「教授法」「評価指標」が内包する plurilinguismo の存在を解明した。*Parlare in Italia*（De Mauro, 1975c）と *Lingua e dialetti*（De Mauro & Lodi, 1979）は「教師養成」の役割を担い、具体的な「教授法」を提供していた。これらは社会言語学の観点から、イタリアの複言語状態を教育関係者へ向けて解説し、またその教育実現のために教室での活動を例示するものだった。*Teoria e pratica del glotto-kit*

（Gensini & Vedovelli, 1983）は、言語科学を基盤に生徒の言語能力を評価する glotto-kit という「評価指標」を提供していた。それは言語空間という視座にもとづいており、生徒が置かれた言語環境で、それまでいかなる言語を獲得してきたかを「punto zero」によって明らかにし、「語彙」や「スタイル（文体）」、「記号」の複数性に配慮し、その能力を判断する指標でもあった。また、それだけではなく、生徒がイタリア社会において今後いかなる言語能力を獲得していくべきか示した指標でもあった。つまり、生徒の多様な言語を承認したうえで、イタリア社会のさまざまな領域で必要となるイタリア語のバリエーションを獲得することを目指すものであった。

　これら一連の教育実践には、複言語状態や複言語能力といったデ・マウロが構想した plurilinguismo が通底している。民主的言語教育の創出から実際の教育実践に至るまで、plurilinguismo はそこに一貫して存在していた。デ・マウロがこの plurilinguismo を貫く原動力は何であったのだろうか。それを解明するために、民主的言語教育を発表した 1975 年の言説から、1985 年の glotto-kit の大成までのデ・マウロの歩みを振り返りたい。

　第三章ではデ・マウロの言説から plurilinguismo を分析し、デ・マウロがグラムシの政治思想の影響を受け、社会に参加し、社会や政治を再編成できる人間を育てるための教育の必要性を訴えていたことを明らかにした。その政治的信念を持って複言語教育としての民主的言語教育を展開させ、さまざまな言語の創造性を発揮させることにより、言語的不平等を是正し、民主的な結束をより高めようとした（De Mauro, 1975b: 137）。

　デ・マウロのこの信念は *Teoria e Pratica del glotto-kit* でも確認される。デ・マウロは第一部に寄せた論考 "Per una nuova lingua alfabetizzazione" の成人の識字教育に関する文脈で、次のように論じる。

　　言語獲得のための闘争は、言語権を承認したうえで、言語の能力を促進する総合的な政策なくして成功しえない。また、軽視された大衆すべての文化的、および批判的能力を促進し、自由の身にする必要があり、それにもやはり総合的な政策がなければ実現不可能なのである。

　　　　　　　　　　　　　　　　　　　　（De Mauro, 1983c: 27/ 筆者訳）

　デ・マウロは言語獲得のための闘争、つまり言語権や言語能力を得るためには、それを承認する包括的な政策が必要であり、また社会的弱者が文化的、批判的能力を得て、社会への参加を自由に行うにもやはり政策が必要であると主張している。ここでもデ・マウロは、言語の獲得によって言語的弱者が社会的権利を得る重要性を再び論じ、そのためには政策が重要であると考えていたことがわかる。

　では、その政策はいかなる方向性を持つべきか。デ・マウロはその回答をユネスコの声明に見出している。ユネスコは、識字化は「コミュニティーの発展に貢献する」役割があると主張していた。人々の言語能力を育成することはその社会の発展へ還元されるという考えにデ・マウロは共感している（*Ibid.*: 28）。それは、デ・マウロの政治的信念とも深く一致しており、この論考は次のように締めくくられる。

　　　より高い認知能力や活動能力、あるいは発言能力や適応能力、批判能力とは何か。それは経済的、また社会的、文化的、政治的生活に参加するために必要な能力である。それは、文化的、および社会的にひどく不平等で困難な状況から脱する道、つまり厳密な意味での真の民主政治への道である。これが、慎重に計画された新たな識字化によってもたらされる意義のある結果なのである。　　　　　　　（*Ibid.*: 28–29/ 筆者訳）

　つまりデ・マウロによれば、人々の社会参加を可能とするためには、高い認知能力や活動能力、発言能力、適応能力が必要である。それこそが社会的平等へ踏み出す第一歩となり、民主的社会への第一歩となる。それは「慎重に計画された新たな識字化」、つまり新たな言語政策によってその能力の付与が可能となる。その理想とする言語政策とは、デ・マウロの構想した民主的言語教育であり、それを具現化するために開発されたのが、本章で明らかにした「教師養成」であり、「教授法」であり、「評価指標」なのである。デ・マウロはこの一連の言語教育によって複言語能力を承認し、育成し、社会的弱者にも言語能力を付与することで、民主的で平等な社会の実現を成し遂げようと試みたのである。

　1975 年の民主的言語教育の提言後、デ・マウロが継続して展開した plurilinguismo を継承する「教師養成」、「教授法」、また「評価指標」glotto-kit が最終的に目的とするところは、単に生徒の複言語能力の拡張にあるのではない。その複言語能力を獲得した先にある、あらゆる者が言語を有し、思考し、表現し、参加できる平等な社会、つまり真の民主的社会の実現だったのである。

結論

民主的言語教育の教育的意義

　本書は、1970 年代のイタリアで提唱された「民主的言語教育」の意義を言語教育史において明らかにするため、それが包摂する複言語主義の起源と概念、その教育実践の解明を試みた。その結果、序論で提示した三つの課題、すなわち第一に、1970 年代のイタリアにおいて複言語主義と類似する言語教育が創出された要因、第二に、民主的言語教育の plurilinguismo の起源や概念、第三に、民主的言語教育における複言語教育の実践を明らかにした。

　第一の課題として、複言語主義と類似する言語教育、すなわち民主的言語教育の創出の要因について検討した。イタリアはラテン語から変容した多くの言語変種に加えて、少数言語も多数存在する言語環境にあった。そのため、1861 年のイタリア王国の統一時にフィレンツェ語が教育言語として定められ、実質的に共通語となったものの、その普及には多大な困難を要した。一世紀にわたる言語政策を経た 1960 年代においてもイタリア語能力が不十分な国民は数多く、南部や小都市、低学歴になるほど、方言のみの話者が多かった。デ・マウロは、イタリア語と、方言あるいは少数言語との言語格差が教育の不平等の誘因となっていると洞察し、それまで行われてきた単一言語教育では言語の不平等を解消することはできないと確信し、民主的言語教育の構想に着手した。イタリア特有の多様な言語状況に加え、言語学者デ・マウロの言語と社会に対する知見が、民主的言語教育の創出に至ったことを明らかにした。

　次いで第二の課題として、民主的言語教育の plurilinguismo の起源と概念を解明し、欧州評議会の複言語主義との関係を明らかにした。イタリアの plurilinguismo は、そもそも 1950 年代の文学批評において「一人の作者、もしくは一つの作品内での複数の言語スタイルや言葉の使用」を意味する用語であった。その後、plurilinguismo に肯定的な解釈が見出されるようになり、1960 年代には辞書学や言語学においても応用された。デ・マウロは 1963 年に、ある地域において複数の言語が使用されている状態や、言語政策によって言語の保護とその話者の尊重が保持されてきた状態を形容する用語として plurilinguismo を初めて使用し、1970 年代に言語教育にその概念を応用した。このような経緯を見ると、イタリアの plurilinguismo は、1990 年代後半から欧州評議会において議論され始めた複言語主義とは明らかに起源を異にするものであることがわかった。

　また、デ・マウロが 1960 年代から民主的言語教育を創出する 1970 年代にかけて plurilinguismo をいかなる概念として理解していたか、その言説をもって解明した。デ・マウロが使用する plurilinguismo を分析したところ、三つに分類された。第一に「複言語状態」(ある地域において複数の言語が共存する状態・ある個別言語にさまざまな言語規則が共存する状態・伝達手段としてのことばに多様な記号が存在する状態)、第二に「複言語政策」(多言語地域において政治的に複数の言語の使用を認める政策)、第三に「複言語能力」(各々の言語体験によって蓄積された複数の言語を、コミュニケーションや創作活動において個人が用いる能力) であった。またその起源を考察すると、「複言語状態」「複言語政策」はソシュールの理論や記号学などの一般言語学、そして歴史的・地理的言語研究に由来することが判明した。その一方で、「複言語能力」は文学界での使用を起源とするもので、デ・マウロの政治思想を内包しており、グラムシの言語哲学の影響を受け、「複言語教育」としての民主的言語教育へと展開したことが解明された。

　最後に第三の課題として、民主的言語教育における複言語教育の実践を明らかにした。plurilinguismo を学校教育で推進するための具体的な試みは三つあった。第一に、教師養成を狙いとする論考の発表であった。それはイタリアに複数の言語が共存することを教育関係者に認識させ、生徒が置かれた言

語環境の調査実施を提案するものであった。第二に、生徒の身近な環境に存在する多様な言語に気づきを与えるための教授法であった。方言とイタリア語、あるいは外国語の語彙や統語を比較し、その類似や相違に気づき、それぞれの言語の起源や関係、またそのバリエーションに関心を向けることを狙いとしていた。第三に、生徒の言語能力を判断するための評価指標であった。能力を技能別に判断するだけではなく、生徒が極めて身近な言語から教養ある言語まで獲得してゆくよう言語空間にもとづく指標が示されていた。これらの言語教育の実践には plurilinguismo が通底しており、教育関係者に複数の言語を承認させ、生徒、あるいは社会にその価値を認識させることを狙いとしていた。また、それだけではなく、生徒をある特定の言語環境に留めることなく、多様な言語バリエーションを獲得させることをも目指していた。

　デ・マウロはイタリア特有の多様な言語状況を背景に、plurilinguismo という概念を通じて社会に対する省察を深化させ、そこから複数の言語を承認する言語教育、いわゆる複言語教育を創出した。現在、複言語主義といえば欧州評議会の唱導する教育理念を想起するが、本書で明らかにしたように、イタリアという限定された地域で欧州評議会に先んじて、plurilinguismo にもとづく複言語教育が実践されていた。ではなぜ、欧州評議会の複言語主義とは異なる地域や時代に、それと類似する言語教育が創出されたのであろうか。

　第 3 章で論じたように、デ・マウロが民主的言語教育に着手し推進したのは、政治的信念が深く関わっている。民主的言語教育は生徒に平等な教育の機会を与えることのみを目的としていただけではなく、言語の獲得はその社会での権利を確保するための方策でもあった。グラムシが、言語活動を通して社会的な過程や闘争のなかで相互理解することによって、社会的知識人としての理解力や批判力が獲得できると主張していたのと同様に、デ・マウロも言語教育によって高い文化や批判的能力を持つ個人を育成することを目指していた。つまり受動的ではなく能動的に問題に立ち向かい、解決能力のある個人を育てる必要性があると考え、言語能力を付与することで、主体的な意思を持ち行動し、その社会へ参加する成員を育てることを意図していた。これは欧州評議会が言語話者を社会的行為者 social agents と位置づけていることに著しく類似している。この社会的行為者とは、言語行動に限ら

ず、一連の状況やある特定の環境、あるいは行動領域において、成すべき課
題を持ち、行動する者を指す。欧州評議会は、個人が認知、感情、意志など
あらゆる能力を持って、社会的行為者として行動し、社会へと適合すること
を重視している（Council of Europe, 2001: 9）。この両者が提言するような社
会で主体的に行動できる成員を育成するという考え方は、近年の言語教育の
みが議論してきたわけではない。それは、公教育の創設以来、さまざまな論
者が教育を論じるうえで考察してきた論点でもある。

　例えば、19 世紀初頭、公教育について論じたフランスの社会学者デュル
ケム（David Émile Durkheim, 1858–1917）は、宗教に代わって国が教育を行
ううえでの道徳教育の重要性を説いたが、教育によってその社会が欲すると
ころの人間を形成する際に、国民に等しくその社会の規律を教え、集団への
愛着を育むだけでは不十分であると考えた。受動的にその社会に従う者を育
てるのではなく、道徳を理解するための知性を授け、意志の自律性を育む必
要があると論じた。国家が国民に等しく教育を行うのは、社会の内的調和を
保持するために必要な自律した意志を持つ人を広く育てるためであると主張
した（デュルケム，2010: 65–223）。

　また、ドイツ系ユダヤ人の歴史学者ゲルナー（Ernest André Gellner,
1925–1995）は、農耕社会から産業社会、そしてナショナリズムの時代へ移
行するなかでの教育に関して次のように論じている。階級や職業によって明
確に分離されていた地位は産業化により流動的になる。その結果、社会は平
等主義を追求し、それに伴い教育も大きく変化した。国家の成立によって、
教育制度はかつて存在したもののなかで、最も普遍的に標準化されたものと
なり、その制度のもと、人々は文化的に同質化に向かう。ゲルナーはその教
育では普遍的高文化を教える必要があり、それを行えるのは学校以外にはな
いと主張した。この普遍的高文化とは、普遍的な読み書き能力と高水準の計
算・技能能力および全般的洗練を意味する。産業社会における成員は流動的
であるため、地位の移動のためにこの文化力が必要となる。ゲルナーは「当
該社会にとって、文化とは成員みんながその中で呼吸し、話し、生産できる
文化でなければならない。つまり、それは同一の文化でなければならない
（…は原文ママ）」と論じている。つまり、すべての国民が、国家という社会

に生き、相互にコミュニケーションを図り、自らの道を切り拓くために、読み書きなどの言語能力を伴う高い文化力が一様に必要であり、それを可能とする手段が国家による教育であるとゲルナーは主張していた（ゲルナー, 2000: 14–65）。

　さらに、民主主義と教育の関係を論じたアメリカの哲学者デューイ（John Dewey, 1859–1952）は、近代国家や都市はいくつもの社会を緩く結び付けた寄り合い所帯であるため、それぞれが持つ多数の価値を共有するために、集団のすべての成員が、他の成員からそれぞれの関心を受信し、吸収する均等な機会を持っていなければならないと考えた。なぜなら、それまでの封建社会における外的権威にもとづく原理を否認する民主的社会では、成員の相互作用によって成員自ら社会的統制を図る必要があるからである。デューイはその外的権威に代わるものが共有の関心であると考え、それは教育においてのみ作り出すことができると主張した。教育を通して社会のすべての成員が共有の関心を持つことで、人は等しい条件でその社会に関与でき、相互作用を通じてその制度を柔軟に調整し直すことができる。デューイは、それこそが民主的であり、その実現のために、人々が社会の諸関係や統制に自ら進んで興味を持ち、社会変化をもたらすことができるような心の習慣を身につける種類の教育が必要であると説いた（デューイ, 1975: 133–161）。

　近代以降、教育を論じたこれら論者は、その論点は違えども、教育に対する共通の認識を持っている。まず、社会の成員すべてが平等に教育の機会を得ることを大前提としている。しかし、それが最終的な目標ではない。そこで行われる教育は、生徒が受動的に教育を受け入れるのではなく、知性や文化を獲得し、他者との相互作用を図ることによって、社会のなかで自律的に考え行動し自らを切り拓く力、あるいは社会と関わり社会に変化をもたらす力を付与することを真の目的としている。これは、デ・マウロや欧州評議会が言語教育を通して目指すものと一致している。これは何を意味するのか。

　言語教育も教育の一部を構成するのであれば、言語教育を通して、これまでに論者が論じたような意味で社会の成員を育成することは不可能ではない。イタリアは国家成立時から多様な言語話者の集合体であったため、長らく言語格差が存在し、共通語を持たない者は教育を十分に享受できず、社会

から疎外された状況であった。そこで、共通語を持たない国民を社会へ取り込むために創出されたのが plurilinguismo を理念とする民主的言語教育であった。デ・マウロはその教育によってすべての者に言語能力を付与することで、主体的に行動できる社会的成員の育成を試み、民主主義の実現を目指していたのだ。また、欧州評議会も、言語話者を社会的行為者と見なし、複言語主義のもとで人々がみな等しく権利を持ち、社会で活動できる民主的社会の構築に努めている。

　時代や地域を異にしながらも、共通性がある二つの言語教育が創出された理由はここにある。民主的言語教育の plurilinguismo においても欧州評議会の複言語主義においても、複数言語の承認が人々の平等を実現する手段となると考えられている。その両者の意図は、一つの共同体に暮らす者が互いの価値を認め合い、言語的弱者を生むことなく、すべての者が等しく社会参加の機会を得ることにある。つまり、教育史に鑑みて、過去の論者が議論してきた民主的で平等な社会へ向けての普遍的な課題を、言語教育において追求するのが plurilinguismo、あるいは複言語主義なのだ。

　イタリアにおいて民主的言語教育が発表されてから半世紀近くになるが、平等な社会を目指したこの言語教育の意義は、現在も風化することはない。それについてはデ・マウロ自身も CEFR の発表から 2 年後の 2003 年、つまり 10 のテーゼの宣言から約 30 年後に発表した "Il plurilinguismo come tratto costitutivo dell'identità italiana ed europea"「イタリアおよびヨーロッパのアイデンティティーの構成要素としての plurilinguismo」において論じている。デ・マウロは言語教育や言語政策に関わる人々に次のように示唆する。

　　3000 年の歴史のなかで、イタリアの民衆はある同じ言語を等しいレベルで理解し、使用したことは一度もない。この事実を知れば、知識人や政治家は、イタリアやヨーロッパの社会に存在する plurilinguismo を確信し、それにもとづいてこと〔政策〕を始めるうえで、新たな安心感を持つようになる：1999 年にようやく保護対象となった多くの少数言語[1]

1　Legge 15 dicembre 1999, n. 482, 1999 年に制定された「歴史的言語マイノリティー保護法」を指示する。

や、今も生命力のある多数の方言、移民がもたらし新たに定着した言語、あるいはヨーロッパの公用語の多元的枠組みに対しても〔不安を抱かないに違いない〕。

　　　　　　　　（De Mauro, 2003; 25/ 筆者訳 /〔　　〕は筆者による補筆）

　デ・マウロは、多様な言語の共存状態が維持されてきたイタリアの歴史的言語状況を根拠に、イタリア同様、ヨーロッパの言語状況をも懸念する必要がないと主張している。恒久的な plurilinguismo の状況を受け入れること、例えば少数言語や方言、あるいは移民言語、またヨーロッパに見られる複数の公用語など、つまり plurilinguismo こそが、イタリアのみならず、ヨーロッパがこれから取るべき選択であることを主張しているのだ。
　デ・マウロは続いて、この plurilinguismo を保つために今日の学校がいかにあるべきか、その義務を四点にわたり指摘する。第一に、人々の平等を保障するためには共通言語の学習が不可欠であること、第二に、少数言語に対していかなる場合も尊厳を与えること、第三に、英語だけではなく複数の言語や文化を一層理解することにより所属する共同体を豊かにすること、第四に、これまでにイタリアで方言話者に対して行ったように、現在では移民を包摂してゆく試みを続けなければならないことを提言している。そして今もなお社会の誰かが被り続けている言語的不平等を plurilinguismo によって解消できると力説する（*Ibid.*, 25）。
　この言説からデ・マウロが、2000 年代もなお一貫して教育における plurilinguismo の重要性を主張していたことや、その教育をもって今後のヨーロッパ全域の人々の平等を推進することが望ましいと考えていたことがわかる。近年重要性を増す英語とその他の言語との関係や、共生する移民の言語にも目を向けつつ、ヨーロッパに帰属するすべての人々の平等が保障され、権利を持って生きるためには、教育現場での plurilinguismo の承認が必要であると改めて主張したのである。
　デ・マウロが構想した民主的言語教育は、1970 年代にイタリアという限られた地域で萌芽し、実践された言語教育にすぎない。しかし、そこには近代以降、希求されてきた教育の平等だけではなく、民主的社会が必要とする

自ら考え行動する自律した社会的成員の育成といった普遍性を認めることができる。そして、その教育理念である plurilinguismo は、デ・マウロ自身も主張するように、現在の多様な言語や文化を擁するヨーロッパに鑑みても、決して時代錯誤ではない。plurilinguismo を包摂するこの民主的言語教育は、欧州評議会に先んじて、言語教育によって民主的社会の実現を目指したという点で、言語教育史において重要な意義を失うことはない。

最後に、本書で十分に議論ができなかった点と、今後の研究の展望について述べたい。

まず、民主的言語教育の1980年代以降の展開について本書で触れることができなかった。デ・マウロは1997年には教育省の学校有識者委員会に加わり、その後2000年4月から2001年6月まで公教育大臣を務めた。また、現行の教育課程となる2012年の『幼稚園および初期教育課程のための国家方針』(MIUR, 2012) の監修にも関わった。これらデ・マウロの教育政策への介入もあり、現在のイタリアの教育課程には民主的言語教育の plurilinguismo が継承されている。詳細は西島 (2023) を参照されたい。

次に、複言語主義の一環である言語への目覚め教育との関連も検討ができなかった。言語への目覚め教育も1970年代にイギリスにおいて議論が始まった言語教育 (大山, 2016: 19–59) であり、序論で論じた通り、イタリアの民主的言語教育も言語への目覚めに派生するとの誤った認識がなされていた。両者を比較検討することは、複言語教育の意義をより明確にすると考えられるが、本書でそれに関して議論できなかった。

2000年代以降、イタリアの言語教育は移民の受け入れにより、新たな言語問題に対峙していくこととなる。1989年に外国人児童の公教育への登録が義務化[2]され、1999年には非正規の外国人児童にもその権利が強固に保障された[3]。また、2006年から2009年にかけては、移民の生徒を学校に包摂するための政策[4]が取られ、生徒を社会へ統合するための活動だけではなく、

---

2 C.M. 8 settembre 1989, n. 301. Inserimento degli alunni stranieri nella scuola dell'obbligo.

3 D.P.R. 31 agosto 1999, n. 394. Regolamento recante norme di attuazione del testo unico delle disposizioni concernenti la disciplina dell'immigrazione e norme sulla condizione dello straniero.

4 CCNL Comparto scuola 2006/2009, art. 9, "Aree a rischio, a forte processo immigratorio e

社会的に疎外された家庭に関心を示すための活動や、教師の再研修などに予算が編成された。近年では、欧州評議会の提案する A framework of reference for pluralistic approaches to languages and cultures（略称 FREPA / CARAP; イタリア語名 Il quaderno riferimento degli approcci plurali alle lingue e all culture）の複言語・複文化教育へのアプローチも見られ[5]、教育現場では多様性を受容する動向が確認できる。その一方で 2018 年、イタリア政府は移民に対するイタリア市民権の取得を CEFR の B1 以上とする法律[6]を定めるなど、今日、移民を取り巻く政策が厳格さを増している[7]。移民にイタリア語の習得を義務づけ、その能力が十分でない者は排除するという政府の政策は、欧州評議会が掲げる複言語主義と相反するだけでなく、教育の現場で plurilinguismo の承認を進めてきたそれまでの姿勢とも方向性を異にする。

　そのような状況で、民主的言語教育の経験を持つイタリアの教育現場で、教育関係者らが現在いかに言語教育に取り組んでいるのか、明らかにしていくことが今後の新たな研究課題として残されている。

---

contro l'emarginazione scolastica"

5　https://carap.ecml.at/CARAPinItaly/tabid/3259/Default.aspx（2023 年 8 月 8 日閲覧）

6　D. L. 4 ottobre 2018, n. 113 に補足された Testo coordinato del D. L. 4 ottobre 2018, n. 113; in G.U. del 3 dicembre 2018, n. 281 の第 14 項（art.14）に明文化された。https://www.gazzettaufficiale.it/eli/id/2018/12/03/18A07702/sg（2023 年 8 月 8 日閲覧）

7　2022 年には右派による連立政権が発足し、極右政党「イタリアの同胞」党首が首相となり、自国優先主義や移民制限を推進している。それにより、移民への対応はより厳しさを増している。

付論

トゥッリオ・デ・マウロについて[1]

　民主的言語教育の創出者であるトゥッリオ・デ・マウロは 1932 年 3 月 31 日、イタリア南部ナポリ近郊のヴェズヴィオ火山を望む港町トッレ・アンヌンツィアータで生まれ、2017 年 1 月 5 日にローマで没した。彼の 84 年にわたる生涯は、言語学者としてのみならず、教育者として、また政治家としてイタリアに数多くの功績を残した。著述量だけを見ても、新聞雑誌の記事を除いて 1,000 点近くに及び、死の直前まで多くの仕事に取り組んでいたことを知れば、デ・マウロがいかに精力的に研究に取り組んでいたか想像に難くない。デ・マウロの訃報は、イタリアのメディアで大きく報じられ、2017 年 5 月には、その功績を讃え、イタリア国立図書館の言語学の所蔵エリアが "Sala linguistica a Tullio De Mauro トゥッリオ・デ・マウロに捧げる言語学の部屋" と名付けられた。これはデ・マウロのイタリアの学術界に対する

1　本付論は主に以下の文献を参照し、これら以外の引用については、本文中に出典を記載した。

De Mauro, T.（2006）. *Parole di giorni lontani*, Bologna, Mulino.

Gaudio, E.（2018）. "Prefazione", in Gensini　*et al., Tullio De Mauro: Un intellettuale italiano*, Roma, Sapienza Università Editrice: XI–XIV.

Gensini, S., Piemontese, M. E. & Solimine, G.（eds.）（2018）. "Biografia", *Tullio De Mauro: Un intellettuale italiano*. Roma, Sapienza Università Editrice: 3–13.

Treccani, DE MAURO, Tullio.

https://www.treccani.it/enciclopedia/tullio-de-mauro_%28Dizionario-Biografico%29/（2023 年 8 月 8 日閲覧）

寄与とその存在が卓越したものであったことを示している。

　デ・マウロはイタリアのみならず、ヨーロッパや北米、南米においても高く評価されており、日本も例外ではない。イタリアにおいて 1965 年に出版された *Introduzione alla semantica* や 1967 年に出版された *Corso di linguistica generale / Ferdinand de Saussure; introduzione, traduzione e commento* は日本語にも翻訳され、後者は 1976 年に『「ソシュール一般言語学講義」校注』、前者は 1977 年に『意味論序説』と題し、出版されている。そのため、日本人はデ・マウロを一般言語学者として認識しているようだ。日本での著書の出版の後、デ・マウロは 1980 年の早稲田大学と東京大学での講演を皮切りに、10 回以上来日し、京都大学や大阪大学、上智大学、国際交流基金などで講演を行い、2008 年には早稲田大学から名誉博士の称号が与えられている。亡くなる直前の 2016 年 11 月にも早稲田大学や東京のイタリア文化会館で講演を行っており、それが日本での最後の講演となった。

研究者としての経歴

　デ・マウロは 1942 年 12 月、10 歳の時、第二次世界大戦のさなか、空襲から逃れるためナポリからローマへと移り住み[2]、ローマで中学・高校時代を過ごす。高校は文系のジュリオ・チェーザレ高校に通い、その当時から、教職は「世界のなかで最も素晴らしい仕事」と考え、それに憧れを抱いていた。1950 年にローマ・サピエンツァ大学文学哲学部に入学すると、言語学者で哲学者のアントニオ・パリアーロ（Antonino Pagliaro, 1898–1973）の講座に通う。1956 年には "L'accusativo nelle lingue indoeuropee"「インドヨーロッパ語における対格」と題した論文を提出し、卒業した。翌年、同大学で無給ではあったものの哲学言語学の助手に採用され、教師としてのキャリアを始めた[3]。1958 年にはナポリ東洋大学言語学常勤助手、1961 年からはサピ

2　当時、父親のオスカーだけ仕事の都合で先にローマに居住していた。ローマには古代遺跡もあり、教皇もいたことから空爆はないと考え、デ・マウロの一家はローマへ移住する。しかし実際のところは、翌年 1943 年 7 月にローマも空爆された。

3　当時、イタリアでは大学は 4 年制であったが、卒業までに 4 年以上かかることが一般的であった。また人文学では、素質があれば卒業後に大学でのキャリアを始めることができた。

エンツァ大学非常勤講師、1967 年からはパレルモ大学教育学部助教授となり、1970 年にサレルノ大学文学部教授となった。その 4 年後の 1974 年には母校サピエンツァ大学文学哲学部に正教授職として迎えられ、そこで定年まで勤めることとなった。

　大学教員として着実にキャリアを積んでいったのは、若くして優れた研究成果を築いていったからに他ならない。デ・マウロは大学卒業後に、後の研究の出発点となる *Storia linguistica dell'Italia unita*『統一イタリアの言語史』(1963)、*Introduzione alla semantica*『意味論序説』(1965b)、*Corso di linguistica generale / Ferdinand de Saussure; introduzione, traduzione e commento*『「ソシュール一般言語学講義」校注』(1967) を立て続けに出版した。第一の著書はデ・マウロが plurilinguismo を初めて使用した著書で、本書で取り上げた。また、後者二冊は日本語に翻訳された著書でもある。

　デ・マウロの学生時代からの友人で、サピエンツァ大学の同僚でもあるアルベルト・アソール・ローザ（Alberto Asor Rosa, 1933–2022）は処女作が執筆された当時のことを回想している（Asor Rosa 2018: 19–22）。1962 年のある日、デ・マウロから電話があり「渡したいものがあるから、来てくれ」と言われ、デ・マウロの家を訪れた。するとそこで、デ・マウロからタイプで打った無題の原稿を渡され、「受け取って、読んでくれないか」と言われたという。アソール・ローザは原稿を 2 週間かけて読み、読破した時には腹を殴られたような感覚だったと語っている。なぜなら、それはイタリア語史を網羅しており、かつこれまでの言語史の知識からは予想もしなかった、言語は歴史と合致するという概念が論じられていたからだ。アソール・ローザはそこに示されたアイデンティティーや姿勢、国民の文化や市民性の力に強く共鳴した。デ・マウロにとってイタリア Italia とは複数形で語るべきイタリエ Italie（Italia の複数形）であり、イタリアを形成するその複数の構成要素は互いを映し出し、互いを再認識するものであった。このデ・マウロのアイデンティティーは際立っていた。その原稿は翌年には、*Storia linguistica dell'Italia unita* と題し出版された。アソール・ローザは、デ・マウロが大学卒業後、20 代後半から 30 代までのわずか 3 年でこの著書を書き上げたことを驚異的であると評している。

　デ・マウロは研究と執筆活動に情熱を注いだだけではなく、学術界にも大きな影響を与えた。1966 年にはイタリア言語学会（Società di Linguistica Italiana：略称 SLI）、1993 年にはことばの哲学学会（Società di Filosofia del Linguaggio）の創立メンバーとなり、両学会で会長も務めた。また、日本の国語審議会に相当する、イタリアの言語政策を統括するクルスカ学会（Accademia della Crusca）の会員でもあった。国内のみならず、ジュネーブのフェルディナン・ド・ソシュール学会（Cercle Ferdinand de Saussure）やロンドンに拠点のあるヨーロッパ・アカデミー（Academia Europaea）の会員にもなり、晩年は数々の学会で名誉会員に推薦されている。またその研究が認められ、多くの賞や勲章が授与されている。

　学術界におけるデ・マウロの活動は、研究者間での議論に留まるものではなく、現実の社会との接点を重視するものだった。例えば、SLI では研究者と現場の教員との関係を構築し、学術の知見を教育現場に活かすため、学会の内部に言語教育研究協力グループ（Gruppo di Intervento e Studio nel Campo dell' Educazione Linguistica ; GISCEL）を立ち上げている。また、進歩的・民主的教師協会（Centro di Iniziativa Democratica degli Insegnanti; CIDI）も創立し、教師たちとの共同研究を指導した。サピエンツァ大学イタリア語・文化研究所（Osservatorio linguistico e culturale italiano dell'Universita' di Roma La Sapienza）の研究グループの責任コーディネーターにもなり、リーディング・リテラシーの国際比較研究のイタリア部門を指導するなど、数多くの実践的プロジェクトに携わっていた。デ・マウロは決して教育現場を軽視することなく、真摯にその声に耳を傾けていた。それはデ・マウロの人柄にも表れていた。デ・マウロは情に溢れ、機知に富み、快活で、礼儀作法や階級を気にするタイプではなかったという。デ・マウロを公教育大臣に指名した元首相ジュリアーノ・アマート（Giuliano Amat, 1938–）は、デ・マウロの性格を一つ取り上げるならば、それは信じられないほどのシンプルさであると回想する[4]。それはデ・マウロの振る舞いからも読み取れた。一般的に典型的なエリート左派は、情け容赦なく庶民との違いを見せつける傾向があるものだが、デ・マウロは全くそれを感じ

4　Corriere della Sera, venerdì 6 gennaio 2017: 43.

させなかった。彼の博識は尋常なものではなかったが、まるで「庶民の家にある小さな蛇口を開けて、清らかで素晴らしい泉が流れ出るようだった」と形容する。アマートの証言から見えるデ・マウロは、謙虚で研究者としての立場を誇示することもなければ、知識をひけらかすこともない。

　教師としてのデ・マウロの学生に対する振る舞いもまた変わらぬものであった[5]。デ・マウロはサピエンツァ大学で土曜日の朝8時半の授業を担当していた。土曜日の早朝からの授業とあれば、学生は意気消沈するところである。しかし、心地よい雰囲気で行われるその授業の教室はいつも学生で溢れかえっていた。教室でのデ・マウロは威厳がありながらも、皮肉っぽかった。そして、学生からはいつも質問攻めにあっていた。デ・マウロはそれら質問に労を惜しむことなく答え、時には楽しんでいるようにも見えた。このように学生や若い研究者との対話は彼の教授人生を通して行われていた。例えば、1960年代、大学教員として歩み始めた頃は、学生や若い同僚を自宅に集め、言語学の古典を読む読書会を行い、また退官後は、若い学者やベテランの教授たちを集めて、研究活動の報告会を毎週のように開催するなど、デ・マウロは教員生活を通して、立場を超えた対話を好んで行っていた。

　デ・マウロの学術界における貢献は輝かしいものであるが、それは決して研究業績によるものだけではない。デ・マウロのもとに学んだ100人にも及ぶ研究者は、研究を学んだだけではなく、人生そのものを学んだのである。デ・マウロのこのような姿勢は民主的言語教育の理念を体現しているかのようである。民主的言語教育が、グラムシのヘゲモニーの再編成や階層を超えたより親密で確実な関係の確立によって平等な社会を目指したように、デ・マウロは人生を通してその信念を日常生活のなかで貫いていたのである。

政治活動

　デ・マウロは学生時代から政治活動にも積極的に関わり、大学に入学した翌年の19歳の時に、クローチェ[6]の思想を反映させた雑誌 *Il Mondo*『世界』

5　la Repubblica, sabato 7 gennaio 2017: 24.

6　ベネデット・クローチェ（Benedetto Croce 1866-1952）、イタリアの哲学者、歴史家。ファシズム支持から反ファシズムに転じたイタリア自由党の政治家でもある。1920年から

148

を愛読していたことをきっかけとして、イタリア自由党に入党している。*Il Mondo* は政治的中立の立場から社会の矛盾を変革する進歩主義をスローガンに掲げた雑誌であったが、若きデ・マウロはこの *Il Mondo* に当時の社会に関する示唆に富む思想や社会への疑問への回答を見出し、強く賛同したと考えられる。

　大学では、高等教育政策や現代イタリアの文化的方向性に関して議論を行うローマ大学連盟（Unione Goliardica Romana）の会合にも通っていた（Asor Rosa, 2018: 17–18）。そこでのデ・マウロは、的を射た議論で聴衆を説得し、会にとって不可欠の演説家であった。デ・マウロは自身の演説が聴衆にどのような影響をもたらすかに関心はなく、自身の主張をただ伝えていただけであったが、聴衆はその演説に感銘を受け、賞賛を惜しまなかった。当時、大学においても戦後の民主化改革が始まり、ローマの各大学の学生代表で構成されたローマ大学代表者連盟（Organismo rappresentativo Universitario romano; 以下 ORUR）が結成され、その上にイタリア全土の学生を代表するイタリア代表大学連盟（Unione nazionale universitaria rappresentativa italiana; UNURI）が組織されていた[7]。デ・マウロは ORUR の集会にも参加するようになり、攻撃的かつ少し挑戦的にクローチェの思想を誇示していた。20 代になったばかりのデ・マウロは、語るべきことに溢れ、それらを伝えたいという想いを抱き、その情熱がデ・マウロを大学における政治活動に駆り立てていた。

　デ・マウロと活動を共にしたアソール・ローザは、デ・マウロが後にイタリアの言語問題に取り組むようになる予兆はこの学生連盟での主張に少なからず表れていたと考える（*Ibid.*: 24）。例えばデ・マウロの主張にグラムシの「知性と道徳の改革」を読み取ることができると振り返る。デ・マウロはイタリアでグラムシのその思想を推進した代表的な一人であるとアソール・ローザは評している。

　ただし、これら政治行動が失策となることもあった（*Ibid.*: 24–25）。デ・

1921 年にかけて公教育大臣を務める。

7　ORUR や UNURI の組織は、のちに 1968 年の学生運動の波で一掃されることになる前段階の組織である。

マウロはローマ・サピエンツァ大学の学長候補であったが、全く実力のない
対立候補に敗北を喫した。アソール・ローザはその思いもよらぬ逆転の要
因には過去の ORUR での活動があると推察する。またある時、アソール・
ローザが自身の部内で学術的対立を深めた際、元 ORUR の同僚とともに
デ・マウロの部への統合を果たしたことがあった。しかし、それに対し大学
の中枢は激しく反応し、容赦のない制裁を加えた。デ・マウロやアソール・
ローザらは脅しを受け、ついには居場所を失い、大学のセンターの手狭な一
室に、押し込められることになった。この措置はのちに学部の移設が行われ
るまで続いた。

　デ・マウロはメディアにおいても積極的に発言していた。本書でも取り
上げた共産党機関紙の *Paese Sera* 以外にも、*Il Mondo* や *L'Espresso*、*Nord e
Sud*、*Critica liberale* など 1950 年代からさまざまな媒体に連載や投稿をして
いる。政界は、知性と発信力を兼ね備えたデ・マウロの政治的ポテンシャル
を見過ごさなかった。デ・マウロは Sinistra Indipendente[8] に名を連ね、1975
年から、1980 年にかけて、ラツィオ州の評議会議員として選出され、その
うち 1976 年から 1977 年まで文化審議官を務めた。実際のところ、議会へ
の出馬も考えたが、研究との両立が困難であったため、あきらめたとデ・マ
ウロは回想している（De Mauro 2004: 138）。その後、しばらく政界からは遠
のいていたが、1997 年より教育省の学校有識者委員を務めていたこともあ
り、2000 年に第二次アマート政権になると、公教育大臣に任命される。ア
マートはデ・マウロに関して「彼を私の政府に迎えられたことは非常に喜ば
しいことだった。政治経験を積んだ多くの優れた公教育大臣を否定するわけ
ではないが、限られたメンバーで構成された私の政府は、デ・マウロの存在
によって、イタリアの長い政治史のなかで、偉大な文部大臣を有する政府と
位置づけられたからだ。それゆえ、デ・マウロはデ・サンクティスやジョヴァ
ンニ・ジェンティーレ、ベネデット・クローチェに並ぶのである。私にとって
はこのような重要な省にデ・マウロほどの人物を大臣として起用できたのは

8　Sinistra Indipendente に関しては、第 3 章 1.2 を参照のこと。

誇りである[9]」と語り、その貢献を讃えている。

民主的言語教育構築への原動力

　本書で論じたように、イタリアでは 1950 年代初期に義務教育を修了する者はわずか 3 割程度[10] であったことから、デ・マウロのように 1950 年代に大学まで進学する者は極めて限られた社会階層に属していたことは明らかである。デ・マウロは裕福な家庭に育ち、父の仕事の事情で経済的困難を抱えることはあったが、恵まれた環境のなか、学術の道へと進むことができた教養ある階層に属するエリートである。

　ここで一つの疑問が生じる。エリートのデ・マウロは、なぜ教育を受けられない多くの民衆を憂慮し、民主的言語教育を提言するに至ったのだろうか。また、なぜ国民の平等を目指し、民主主義の実現に向け、言語教育という手段で社会に変革をもたらそうとしたのであろうか。これを理解するにはデ・マウロの幼少期に遡る必要がある。

家族の影響

　デ・マウロは幼少期をナポリで過ごした。薬剤師の家系に生まれ、フォッジャ出身の化学者であり薬剤師でもある父オスカー、またナポリ出身で数学教師の母クレメンティーナを両親に持ち、兄弟には 10 歳以上離れた二人の兄、長兄フランコと次兄マウロ、また姉ロゼッタがいた[11]。父方の家系は 1700 年代、アブルッツォ州の法律関係の業務を担う公証人に遡るが、その後プーリア州のフォッジャに移り住み、薬局を営むようになった。教養ある中上流階級に属する家柄であったと考えられる。

　デ・マウロはこの家族から多様な価値観を学んでいった。例えば、父と母の両家で異なる政治思想である。両親はローマ・サピエンツァ大学の同じ研

9　Corriere della Sera, venerdì 6 gennaio 2017: 43

10　1950 年代の就学率に関しては第 1 章 3 を参照のこと。

11　兄弟にもう一人、末兄 Giorgio もいたが、デ・マウロが生まれる前に、幼くして亡くなった。

究室で共に化学を学び、学生結婚をする[12]。しかし、二人の家族間には政治上の考え方に差があり、結婚に際して対立があったとデ・マウロは耳にしていた。父方の家族はある政党を支持しており、反聖職主義や社会主義を頑なに否定する立場にあった。しかし、母方の家族はそのような主張を行う政党に属していたのである。当時は政治思想の異なる者を友人として持つことさえ許されない風潮があったが、互いの違いを乗り越えて、二人は結婚したとデ・マウロは聞かされていた。

　また、年の離れた兄のフランコやマウロ、そして姉のロゼッタは幼いデ・マウロにとって、モデルとなる存在であった[13]。兄弟が熱心に勉強する傍らで共に勉強の真似をし、兄との散歩に喜んで出かけ、大股で歩く兄に追いつこうと懸命についてゆき、姉とは共に歌を歌った。しかし、ファシズムが台頭し始めると、二人の兄はそれに熱狂するようになり、若きファシストたちが身にまとう制服を着、集会や連隊に加わるようになり、家ではよく愛国歌を歌っていた。長兄フランコはその後、航空隊に入隊しパイロットとなり、第二次世界大戦下の 1943 年、20 代前半の若さで戦死する。デ・マウロが12 歳の時のことであった。また次兄マウロ[14]も大学在学中に休学し、ボランティアとして軍隊に入隊する。一方、姉ロゼッタは冷静であった。戦争にアメリカが参戦すれば、終わりだとつぶやいたことをデ・マウロは鮮明に覚えている。デ・マウロにはこれら兄弟の姿がどのように映っていたであろうか。幼いデ・マウロにとって、父母のエピソードや、兄弟の戦時下での行動

12　母クレメンティーナは結婚のために大学卒業を目前に退学し、父オスカーとフォッジャに移る。

13　デ・マウロは 12〜14 歳ごろまで、兄弟の職業であるパイロットやジャーナリストになりたかったと語っていることから、二人の兄に強い憧れを抱いていたことがわかる。

14　次兄マウロ・デ・マウロはイタリアでは知られた人物である。戦後はパレルモの日刊紙 L'Ora の記者をしていた。1970 年にマウロはイタリア国営石油会社 ENI（Ente Nazionale Idrocarburi）の会長エンリコ・マッティが死亡した不可解な飛行機事故を取材しており、その独占記事の掲載を準備するなかで、同年 9 月に 3 人の男に誘拐され、その後、発見されることはなかった。後に証言者が、マウロが ENI の事件の真相を掴んだことにより、マフィアによって暗殺されたと告白している。デ・マウロはこの兄の事件に関してほとんど周囲に語ることはなかったが、兄が誘拐され、行方知れずのままの辛さを友人アソール・ローザには語っていた。

や言動をすべて理解するのは困難だったであろう。しかしながら、家族のなかに多様な思想が存在し、共存していたことを肌で感じ成長していったのではないだろうか。

言語の多様性への気づき

　言語の多様性への気づきもまた、家庭での幼少期の言語体験にもとづく。
　デ・マウロの最初の家はナポリのアルネッラ地域にあり、デ・マウロは広く美しい屋敷に住んでいた。8歳の時に父の薬局が経営破綻したことから、一家はヴォメロ地域のアパートに引っ越した。とはいえ、そのヴォメロもナポリでは上流階級の居住地域であり、デ・マウロ家はアール・ヌーボー調の美しい建物へ引っ越すことになる。一時的な経済危機や戦時下での苦難はあったものの、恵まれた家庭環境のなか、書斎に並ぶ多くの書物に囲まれ、読書好きで聡明な母や、同じく書物に魅了され勉強熱心であった兄弟の影響を受けながら過ごし、これらがデ・マウロの教養の礎を築いたと考えられる。
　デ・マウロが日常的に触れる言語は、中流階級で話されるイタリア語や洗練されたイタリア語であった。しかし、幼少のデ・マウロが耳にした言語はそのようなイタリア語だけでなかった。当時の言語体験は *Parole di giorni lontani*『遠い日々の言葉』に鮮明に綴られている。穏やかで、かつ客人も多いにぎやかな日常のなかで、デ・マウロはさまざまな言語に接してゆく。家族や友人が陽気に歌うナポリ歌謡、家族内で使用される造語や言葉遊び、普段は洗練されたイタリア語で話す父が激怒した際に口にする方言、母が時折会話に挿入するフランコナポレターナ語[15]やダンテやパスコリといった文学作品の引用、ナポリ独特の言い回し、また、フランスから帰郷した叔母から聞くナポリ方言とフランス語が混在したイタリア語など、非常に多彩な言語環境がデ・マウロを取り囲んでいた。幼少期にあってデ・マウロの言語への観察は鋭く、この言語体験がデ・マウロの言語観を形成していったことは間違いない。

15　ナポリは1806年から1815年までナポレオンによる統治下にあった。その際、フランスからの移住者とともにフランス語がもたらされたため、語彙にフランス語の影響が残る。

　デ・マウロは多様な言語環境で成長したパソリーニを「真の複言語使用者
である」と評したが、それは自分自身の体験と重ね合わせたものだったのか
もしれない。デ・マウロの幼少期の言語体験を思い起こすならば、デ・マウ
ロ自身が複言語環境のなかで育った一人であったことが理解できる。

格差社会への気づき

　民主的言語教育を提唱した背景には、イタリアに存在する複数言語への気
づきがあっただけではない。そこには十分な教育を受けられない人々への配
慮と敬意が存在し、それら人々の社会的平等を希求していた。では、恵まれ
た環境で育ち、大学にまで進学し、学界でキャリアを積んでいったデ・マウ
ロが、なぜそのような人々の立場に立つ視点を持つことができたのだろう
か。これもまた幼少期からの体験が大きく関係していると考えられる。

　そこには例えば、叔母デリアと叔父アッティリオの存在があげられる。こ
の叔父はデ・マウロ一家に非常に愛されていた。父の妹のデリアはパン屋兼
菓子屋のアッティリオと恋仲になったが、1900 年代初頭、まだ封建的な価
値観が強く残る時代に、中上流階級の者が職人と結婚することは容認されて
いなかった。父方の家族や親戚が、気の狂わんまでに彼らの結婚に反対し
た。しかし、デ・マウロの父だけは妹デリアの味方となり、結婚を後押し
し、二人は結婚に至った。残念ながら叔母デリアは結婚から数か月後に肺炎
のために亡くなってしまうが、叔父アッティリオとのデ・マウロ一家との交
流は続いた。そして、デ・マウロ一家が経済的な困窮に陥った時、真っ先に
駆け付けたのはそのアッティリオであり、アッティリオが出来立てのナポリ
菓子を届けてくれた時のことをデ・マウロは鮮明に記憶している。デ・マウ
ロはこのように自らとは異なる社会階層とのつながりを、幼い頃から経験
し、それを忘れていない。

　また、ナポリという多様な人々が密接に暮らす土地がデ・マウロに異なる
他者への気づきを与えた。1941 年、戦争が近づいていた夏のことである。9
歳のデ・マウロは夏休みに毎日のようにナポリの海辺で過ごしていた。ある
午後、友人らとヴォメロから海に向かう道中、ある悪童ギャングが支配する
地域を誤って通過してしまう。デ・マウロたちはこれに気づき、急ぎ足で通

り過ぎようとしたが、彼らに目を付けられ、追われて囲まれてしまう。デ・マウロたちは言いようのない恐怖に襲われた。ギャングのリーダーは恐れるデ・マウロたちを軽蔑のまなざしで、静かに凝視したのち、ナポリ方言で次のように言った。《Guagliù, chieste tenen'e scarpe e parlane taliano. So' figlie 'e signure.（見ろ。こいつら、靴を履いて、イタリア語を話してやがる。いいとこの坊やじゃねえか。）》そして、デ・マウロたちに近づき、厳しい口調で《Iatevenne（うせろ）》と言って、道を開けた。この経験はデ・マウロの記憶に深く刻まれた。彼らは同じ空間にいるにもかかわらず、デ・マウロたちとの間に明確な社会格差があり、そこには分断が存在しており、デ・マウロはその事実に気が付いたのである。それから40年が経ち、社会的使命を持って学会SLIを創立した際に、イタリアに存在する事実、つまり就学や文化的知識、言語などの格差が経済格差を生み出している事実の解明を探求した時に、デ・マウロはこの幼少期の経験を思い出したのである。この悪童ギャングのリーダーの言葉は、彼ら自身がその分断を当然のこととして受け入れていたイタリアの社会文化的な状況を表している。当時は社会全体が高所得者と低所得者の格差に対して無関心であったのだが、デ・マウロがこのような社会の格差を認識できた背景には、ナポリで経験したこのような体験があったのだ。

　もちろん、デ・マウロを民主的言語教育の構築へと駆り立てた要因がこれら幼少期の体験だけだったとは断言できない。しかし、デ・マウロは純粋で多感な時期に、家庭、そしてナポリという地域で、異なる思想や多様な人々の存在に気づき、複数言語に触れ、これらがその後のデ・マウロの思想形成に影響したと考えられる。このような環境で育ったデ・マウロはクローチェやグラムシなどの思想に共鳴し、成長し、言語学の道に進み、イタリアの言語状況を考察するなかで、言語格差や教育格差、またそこから生じる社会格差を解明する。それらが幼少期の体験と重なった時、デ・マウロはこのような社会の現実を傍観者として論じることはできなかった。むしろ、これらが身近な問題であると実感していたからこそ、民主的言語教育という手段によって社会格差の是正に着手したのである。

　友人アソール・ローザはデ・マウロの訃報を受け、インタビューで次のよ

うな言葉を残している。

　「デ・マウロとともにこの国は読むこと、書くことを学んだ[16]」

　イタリアの識字率は 2019 年には 95.4％[17] となり、後期中等教育（義務教育）の就学率は 2013/14 年度には 93％[18] となった。ほとんどの国民は読み書きが可能となり、イタリア語を理解し、話すことができる。その一方で、人々はそれぞれの地域に残る方言や少数言語に誇りを持ち、使用し続けている。デ・マウロがイタリアの言語と社会の実態を認識しなければ、また民主的言語教育を提唱することがなければ、イタリアの言語環境や、教育や社会の格差は現在の姿とは異なっていたのかもしれない。

16　*Corriere della Sera*, venerdì 6 gennaio 2017: 43

17　ISTAT:https://www.istat.it/it/files/2020/12/REPORT_CENSIPOP_2020.pdf: 21（2023 年 8 月 8 日閲覧）

18　ISTAT:http://seriestoriche.istat.it/fileadmin/documenti/Tavola_7.9.xls（2023 年 8 月 8 日　閲覧）イタリアでは 2006 年から義務教育は 6 歳から 16 歳までの 10 年間に法改正され、後期中等教育も含まれるようになった。

付録

民主的言語教育のための 10 のテーゼ（Dieci tesi 日本語訳）

Ⅰ．口語を中心とすること

　口語は、社会生活ならびに個人の生活のなかで根本的な重要性を持っている。なぜなら、単語や言い回しを受容する（理解する）とともに産出する能力を習得することで、私たちは他者を理解し、他者に理解してもらうことができるからだ（これは口語のコミュニケーションの用途である）。また、これまでの経験を秩序だったものとし、分析することができ（これは口語の発見的用法であり認知的用法である）、経験それ自体の形を変えるために、発言することもできる（これは口語の感情に関わる用法であり、論証に関わる用法である）からだ。

　これらは口語の重要性に制限をつけるものではない。むしろ口語を最良の地位に定めるもので、人類にとって、これは**根本的な象徴**能力または**記号論的能力**によって可能となる表現形式の一つであることを強調する。そして一般的かつ理論的に考えても、人の具体的かつ固有の発達にとって、口語はその他の表現能力や記号論的能力の活動と非常に密接な関係がある。

Ⅱ．生物学的、感情的、知的、社会的生活に根ざす口語

　口語能力の発達が個人の生活や社会生活と多くのつながりを持っているこ

とから、これは明らかに幼少期から成人期までの人間としての発達と深く関わっている（しかしあえて言う）。すなわち言語能力の発達は、精神運動や社会化が増してゆく可能性に結び付いているとともに、感情的関係がバランスを保ち知的興味が生まれ、それが成熟し一つの文化や共同体への活動に関与することとも結び付いている。そして、何よりもまず、言語能力の発達は優れた身体の発達によるのであり、よりはっきりと言えば、優れた栄養によるのである。忘れられることがあまりに多いが、果物や牛乳、砂糖、ステーキは、たとえ十分ではないにせよ、言語能力の優れた成熟のために必要な条件である。

　生まれた環境から切り離され、親や年上の兄弟を全く見なかったり、ほとんど見ることがない子供は、仲間や社会に敵対する態度を示し、栄養状態も悪く、うまく話したり、読んだり、書いたりすることができないに違いない。ベルトルト・ブレヒトの言葉を借りれば、「まずステーキと果物を食べさせ、それからソシュールと教育技術を与えよ」といえるだろう[1]。

Ⅲ．言語能力の多様性と複雑さ

　既に述べたように（テーゼⅠ）、口語は複数の能力によって成り立っている。そのいくつかは、いわば、外部からはっきりと見て取れ、知覚される。適切な単語や文を産出し、口頭や書記により、会話や質問をし、明確に応答する能力、声に出して読み、記憶によって暗唱する能力などがあげられる。一方、これほど明瞭に見て取れ、知覚されないものもある。それは、聞いたり読んだりした単語や文に意味を与える能力であり、さまざまな状況を単語によって言語化し、分析する能力、主観的に、あるいは客観的に単語や文を用いて産出と受容の関係を作り上げることにより、既に獲得した言語資源をさらに拡大する能力などである。

1　訳注：オイゲン・ベルトルト・フリードリヒ・ブレヒト（Eugen Berthold Friedrich Brecht, 1898–1956）はドイツの劇作家である。ここでは、ベルトルト・ブレヒトの代表作『三文オペラ』（1928）の「まず食うこと、それから道徳」の台詞を言語教育にたとえ、述べている。

Ⅳ. 憲法における言語権

　効果的な言語教育は上記のことを考慮に入れなければならない。つまり、口語（テーゼⅠ）を最も重要なものとして位置づけ、さまざまな言語能力を全体的に発達させること（テーゼⅢ）や、個人の身体的、感情的、社会的、知的発達（テーゼⅡ）との関係を考慮に入れなければならない。

　また、効果的な言語教育は民主的なものである（この両者は必ずしも同時に成立しない）。それは、イタリア**憲法**第 3 条で定められた言語の原則を受け入れ、それを実現する場合にのみ成立する。その条文は「共和国」が行うべき使命として、社会に存在する障害を取り除くために、「言語を区別することなく」すべての市民の平等を認めることを提案する。この「共和国」とは、法学者が説明しているように、国や公共の中央組織および周辺組織、立法機関、執行機関、行政機関といった全体の複合体を意味する。そこには学校も含まれており、**憲法**によって、学校は効果的で民主的な言語教育の課題に取り組み、追求することが求められている。もう一度言うが、こうした課題は、すべての言語変種（異なる個別言語であれ同じ個別言語内の異なる用法であれ）の尊重と保護を目的としている。共和国の市民が、平等の障害となるゲットーや差別を被る牢獄に身を置くことがあってはならない。

　当然のことながら、学校はこれらの課題を前にしてそれを放置し、屈してはならない。口語の生物的、心理的、文化的、社会的な複雑な関係や、口語以外の人間の表現形式との関係、現代の記号学や言語科学において明らかにされている口語の本質的な複雑さ、また空間、時間、社会と言語能力との関係など、これらを考慮すれば、学校とはただ教えるところではなく、社会において何らかの役割を果たし、革新や社会への適応を求められている場である。学校はこの問題を自分自身のものとしてとらえ、言語教育を選択しなければならない。民主主義社会のもう一つの要素や目的には、すべての者に言語能力を平等に与えることを保障するという重要な課題がある。考えてみよう。特にイタリアのように長らく慢性的に読み書き能力が欠如した国では、この課題に取り組む公的な研究機関がそもそも重要であり、言語教育の再興や促進、また民族 - 文化の伝統の新たな社会的活用に特化した研究機関も必要である。そして、これまでとは異なる多様な言語能力を育成するので

ある。つまり大量の情報を受容するのみならず、それに対して注意深く、また自分の力で産出してゆく言語能力を成熟させ、普及させる必要がある。今日、限られた者がこのような能力を持っており、それ以外の者はこの能力を無意識のうちに放棄している。

　口語能力を十分に育成するためには、大衆の文化的生活に関わる組織、言い換えれば文化や情報を形成しながら大衆の生活を活性化する（または活性化すべき）あらゆる組織が、協調し、かつさまざまな形で努力することが条件である。

　しかしながら、まず学校から始めることが重要である。学校がそれぞれの領域で、政策について議論し、そこで見出された重要性を考慮しながら、学校から人々の文化に関わる組織に対し、改革を推進するのである。これにより、文化組織のネットワーク全体が新しく民主的な運営に向かい、社会のニーズと個々人の能力を成熟させる。

　これらの点で学校は、ただちに、また直接的に取り組む場として行動すべきであり、そして憲法が伝える言語権に間接的に、また仲介的に影響を与える場として、たとえそれが唯一の場ではないにせよ、率先して行動するべきである。学校は各々の言語能力の開発のためにさまざまな授業計画に取りかかるよう努めなければならない。周囲の環境に流されることなく発展に力を注ぎ、繰り返しとなるが、憲法第 3 条と第 6 条に示された目標に従って進む必要がある。

V. これまでの言語教育の特徴

　従来の言語教育は、これらの目標の到達には遥かに及ばない。しばしば指摘されているように、言語教育の分野におけるこれまでの教育の慣行は、行政による指導要領の提案と比較しても未だに遅れており、これは当然のことながら、民主的な有効性を持つ理想的な教育とはいえない。

　これまでの言語教育は、以下の方向にその力を注いでいる。例えば、イタリア語の正書法を習得し、美しい文体で書くことを速やかに習得すること、また十分な動機もなく（感想文や作文を）書かせること、文章の一部を形態論的に分類させること（文法的分析）、動詞の語形変化を暗記させること、

文の一部を論理的に分類させること、書かれたテキストを読ませて直感で口頭能力を評価することがあげられる。これらはまさに従来から行われた手法である。用語の正確さに一貫性を欠いた矯正的介入をし、正書法や（しばしば〔それが正しいかは〕大いに疑わしい）構文や文体、語彙から逸脱することを許さない。

Ⅵ.　これまでの言語教育の非効率性

　従来の言語教育に関して、まずその非効率性を厳しく批判しなければならない。1859 年より、イタリアでは義務教育に関する法律が施行されており、10 年間のジョリッティ時代[2] から、小学校の初期段階から効果的な実践が試みられ始めた。それから 60 年、あるいは 70 年の間に多くの人々がこのような教育を受けてきた。では、その教育によって生徒は正書法を習得できただろうか。いや、できなかった。正書法に力が注がれ、焦点が当てられていたにもかかわらず、イタリアでは今日でも、国民の 3 人に 1 人が十分に読み書きができない状態にある。また、それだけではない。小学校 1 年生の最初の学期から、正書法の「誤り」に関する悩みは始まり、これは学校にいる限り続く（これは教育で語られることのない罪でもある）。とはいえ、正書法の誤りは、教養ある人々が書いたものにも見られる。我々はここでフロイトの学説にある何気ない誤り[3] や偶然の不注意について語っているのではなく、常態化し、体系化したルールからの逸脱のことを語っているのだ（例えば、**qui** にアクセントをつけることや、**ciliegia** や **goccia** などの複数形のスペルに関する悩ましいジレンマのことである[4]）。

　正書法をうまく教えられないのと同じように、従来の教育法で作文もうま

2　訳注：政治家ジョヴァンニ・ジョリッティ（Giovanni Giolitti, 1842–1928）が首相および内務大臣を務めた時代（1903–1914）のこと。

3　訳注：原文は lapsus である。執筆や会話のなかに見られる何気ないエラーのことを指す。

4　訳注：qui には本来アクセントがないにもかかわらず、従来の言語教育ではアクセント記号（qui）を付けることが常態化していた。また -gia や -cia で終わる女性名詞の複数形は普通、-gie や -cie になるが、i にアクセントがない場合は -ge や -ce になる。規則に従えば、cigliegia の複数形は ciliege、goccia の複数形は gocce であるが、前者は実際のところ cigliegie という複数形も存在する。

く教えられない。多くの新聞記事は曖昧で読解できないように書かれており、ヴェールに包まれている。その難解な文は、いつも政治的な意図があり、それが教養のない者を議論から遠ざけるためだとは誰も気づいていない。製造業界の会合新聞を分析すると、明瞭さに欠ける話しことばが多く見られる。これは労働者のコミュニケーションに見られる語彙や文が常に明快でないことを示している。今、労働者や組合員が理解されていないことに何の関心もないことは間違いないが、このように混沌とした困難な時代は、これまでの言語教育の結果なのである。

　したがって、これまでの言語教育では、焦点をしぼって目指してきた目的を達成することがない。つまり、効果がないのだ。たとえその目的をこのまま続けるとしても、学校での教授法は変えなければならない。

Ⅶ. 従来の言語教育の限界

　しかし、語学教育の目的はもはや従来の考え方を踏襲している場合ではない。これまでの言語教育はその非効率性だけでなく、その目的にも偏りがある点で罪深い。そこで従来の目的と、我々が提唱する議論をいくつかの点から比較しよう。

A）　これまでの発想を見ると、言語教育は「イタリア語」と呼ばれる時間にのみ行われることが求められていた。それは一般的な言語発達のプロセス（テーゼⅠ）を無視している。したがって、新しい言語教育では一つの科目ではなく、すべての科目を関係づけ、あるいは一人の教師ではなく、すべての教師が協力して行い、言語能力の開発を行ってゆく必要がある（それは根本的に体育教育と同様である[5]。ただしその授業がしっかりと行われている限りのことだが）。これまでの言語教育は、産出能力にしか関心を持っておらず、しかも書くことを中心とするもので、それは実際のニーズには程遠い。受容能力には着目せず、言語能力の半分を無視している。しかしその無視された半分は（たとえそれが十分ではな

5　訳注：体育の授業で行われているのと同様に、言語教育には身体と連動させた練習が必要であるとの意味。

くても）残りの半分を機能させるための必要条件なのである。子供はま
ず文を認識し、聞いて理解し、**次に**単語や文の作り方を学ぶ。成長して
からも、最初に文を何度も読み、聞き、語を理解し、その後、それらを
使用してみる必要がある。しかし、従来の言語教育はこれを考慮してい
ない。いや、むしろ悪化させている。子供は（また大人も）、常に注意
しながら言語を受容し、試しているのである。生徒が部分的に理解し、
覚えたばかりの言語の機能や意味を推測しながら使ってみたとしても、
教師はそれを理解していない。

B）従来の教育は書くための産出能力に注目しているものの、口頭による産
出能力には配慮していない。生徒が話す時間とは教師による「口頭試
問」のような切り取られた悲劇的な時間になる。読んだ内容に関する質
問に対して生徒が適切に答えたならまだよいが、最悪の場合、生徒はわ
からないままわかったふりをして答え、教師はその生徒の無理解を暴こ
うと、さらなる質問を執拗なほどに繰り返す。このようなやり方では十
分に思考したうえでの口頭表現能力や即興による口頭表現能力が育成さ
れない。一方、新しい教育は、テーゼⅢに記載されているような他のス
キル（会話や議論、語彙や新しい表現を理解すること）に留意している。
初等教育の前期において口頭表現に無関心であることは、標準イタリア
語と地域語との間、あるいはある地域語とある地域語との間にある綴り
や発音の多様性といった複雑な関係をも見落とすことになる。それは当
然のことながら、正書法を習得するうえでも悪影響を与えることから、
従来の教授法であっても口語を非常に重要な項目として取り入れたほう
がよいと思われる。

C）これまでの言語教育は、書記を教える際に一つのトピックについて長く
論じる能力を育成する傾向があるようだが、そのようなスキルはほとん
ど役に立たない。そしてより有用な他のスキルを無視している。例え
ば、メモをうまく取ること、情報を整理することや統合すること、簡潔
に書くこと、適切に語彙が選択できること、読み手に合わせた適切な言
い回しで書けること、口語文をニーズに合わせて書記に適した文に書き
直すこと（つまり、若者が当然のことながら、普段から使用しているく

だけた即興的な口語から、必要に応じて距離を取ることを学ぶこと）などである。

D) 従来の言語教育は、文法による分析や論理的分析、文法規範、構文の規則に価値を置き、これらに対する信頼に大きくもとづいている。学校はそのような言語教育を反省し、それらの四点に依拠しないようにすべきである。

言語教育の問題に取り組んだ学者や研究者、教師は、従来の文法教育に対して以下のような批判で完全に合意している。

a) **偏りのある従来の文法教育**： 学校での言語教育を改めて考えてみると、言語の変化現象（言語の変遷）、その変化と社会における歴史的変遷との関係（言語史）、また人々の言語知識や言語習慣と社会文化や地理的経済の階層との関連（言語の社会学）、語彙や文章の実際の使用と人間の心理との関係（言語の心理学）、感覚と意味、そして語彙構造の実際（意味論）を考慮するべきである。これまでのように文法に固執していると、言語教育はさまざまな言語科学の研究や検証によって得られた複雑な要素を排除することになる。

b) **言語教育の第一の基本的な目的から見た従来の文法教育の無意味さ**： 仮にこれまでの文法教育が学術的知識にもとづき完璧なものであったとしても、その方法は実際の言語スキルの発達にはほとんど役立っていない。つまり、口語のことばによって、自分自身について話し、内省する能力（いわゆる自然史的な言語で**深く考える**能力や言葉を**自らの力で**構成していく能力）が必要であり、文法的の規則を考察したからといってうまく話せるようになるわけではない。いわば、足を解剖したから、より速く走れるわけではなく、光学を知っているから、目がいいわけではないのと同様である。

c) **従来の文法教育の有害性**： これまでの文法は単に古いのではなく、全く時代遅れで、大部分が適切ではなく、誤った言語機能の理論にもとづいている（アリストテレスの理論は大いに誤解されている）。そのうえ、さらに明言するなら、イタリア語文法の欠陥をすべて改善すべきである

（そして、誰もがそれを認識する必要がある）。また、我々には、崩壊し、認識されていないものの、素晴らしい文化が無限にあるにもかかわらず、庶民に向けた浩瀚で歴史ある言語辞書（オックスフォード英語辞典、グリムによるドイツ語辞典、ロシアやスペインの**アカデミー辞書**などに類するもの）を持っていない。このように、**イタリア語（および方言）**にはさまざまな言語事象や文法事象に十分耐え得る辞書がない。現在そのための作業を行っているところであるが、イタリア人に実際に役立つ文法を整備するまでには長い時間がかかる。今のところは、我々の学校の生徒たちは語形変化や文法規則を学ばざるを得ず、彼らは理論的に不安定で、事実とは異なることや誤ったことを学んでいる。

E）　これまでの言語教育はカリキュラムを重んじるあまり、生徒が使用する言語の起源となる口語や方言の実態を顧みない側面がある。小学校のための教材作成と採択に関する 1955 年の法律は、全国で素晴らしい教科書の生産に結び付くはずである。しかし、従来の言語教育は、そのようなことを知ることもなく、おそらく意図することもなく、改革を無視し、実施していない。これにより、労働者やイタリアのおおかたの人々が持つ方言や文化、社会の多様性は不利益な状況を被っている。

F）　最後に、従来の言語教育が口頭能力と他の表現能力の間に存在する隠れた関係に気づいていないことを指摘したい。その表現能力とは、例えば最も直感的で感覚的なもの（ダンス、スケッチ、リズム）から、より複雑なもの（統合能力や数学の計算）までを指す。読解や綴り字の誤りは空間の調整能力が成熟していないためであり、そのような誤りは念入りに診断を行った後に修正されることが望ましい。正書法の規則を直接に教えるのではなく、ダンスのやり方や食卓の準備、靴ひもの締め方を教えながら、言語能力を育成するべきである。－このような考え方はこれまでの言語教育では知られていないが、科学的には明らかである。すなわち、従来の言語教育は言語中心主義[6]であるゆえに、非言語的な表現

6　訳注：原文は verbalistica である。verbalismo の形容詞であり、ここでは言語中心主義と訳す。この verbalismo は事象や考えよりも言語を重視することであり、教育においては、

法の豊かさや重要性を何もかも無視しており、また言語中心主義である
ため、言語をそれ以外のものから切り離し、過大評価し、口頭言語の発
達を損なっている。

　結論として、これまでの言語教育の根底にあるものを解明しようではない
か。そこには**社会的・政治的な偏り**が存在しており、それは学校の教室全体
を覆う複雑な局面と一致している。従来の言語教育には不備や偏りがあり、
また効率的ではなかった。そして実際には、違う意味で機能的であった。違
う意味とは、教養があり、裕福な社会階層に属する生徒に対しては有利に働
く側面があったことである。そのような生徒は、その家族や社会階層の活動
のなかで、つまり学校以外でも言語能力の発達に必要なものを受容してい
る。一方、そのような教育は労働者、農民といった庶民階級に属する生徒の
ニーズには適しておらず、効果がないことは過去においても、また現在も明
らかである。従来の教育は庶民階級の識字化を部分的に進めるに留まってい
た（今日でも3人に1人の市民は不完全な識字者か完全な非識字者の状態に
ある）。また、庶民階級の生徒は使用する家庭や地域の伝統的な口語を恥ず
かしいと思い、「間違えることを恐れ」、相手にわかってもらうことを気にせ
ずに話す人に対して、沈黙して敬意を持つようになる。多くの教師はこのよ
うな状況に対して主体的に責任感を持つこともなく、他の選択の可能性も考
えることなく、従来の言語教育の慣習に従い、イタリアの現在の社会階層を
存続させ、強化させる政策の執行者とならざるを得なかった。教師たちはこ
れを望むことも知ることもなく、多くの市民を初等教育の段階から排除する
よう努めてきたのである（今日でも10人に3人の子供が義務教育を終えて
おらず、彼らは労働者の子供である）。

Ⅷ. 民主的言語教育の原則

　ここまでの論説を根気強く読んできた方には、このテーゼの概略（I–IV）
と従来の言語教育の内容の分析や批判（V–VII）を通して、民主的言語教育

教師が言語を用いて一方的に説明し、生徒の授業活動への参加や批判的能力の育成を促進
しないことを意味する。

の輪郭がぼんやりと見えてきたはずだ。私たちは今や、一貫性のある教育を行い、より連携して将来に継承できるよう、新たな学校、つまり民主的な学校での言語教育の基盤となる 10 の原則を策定し、ここで整理したい。

1) 口頭能力を発達させるために、その能力を社会に適応させると同時に、精神活動を発展させ、あらゆる表現力や表象能力を成熟させ、生徒が表現できるようになるよう努めなければならない。

2) 言語能力の発達や運用は、自己のなかで提示され完結するものであっては決してならない。言語能力は社会的で知的な生活に参加するためのより豊かな手段となるものである。口頭能力の具体的な教育は、常に個人およびグループによる勉学、研究、議論、参加、産出の活動のなかで行われなければならない。

3) 言語能力の増進は、生徒本人やその家族、環境となる言語文化を解明することから始めるべきである。しかし、そこに生徒を押しとどめるのではなく、効果的に行うために追加や拡張を少しずつ検討しながら、生徒が受け継いだ言語資源を豊かにしていかなければならない。

4) 同じ集団に属する生徒のなかでそれぞれの言語的出自の多様性を発見することは、その社会の構成員の言語資源を特徴づけている空間的、時間的、地理的、社会的、歴史的な多様性を、より多く、深く、そして何度も経験し探求する出発点になる。この多様性への理解と尊重を学ぶことは、他者の言いなりになることもなく、他者を傷つけることもなく、そこに生きることを学ぶ第一歩となる。

5) 産出能力だけではなく、受容能力も育成し配慮すべきである。書かれた、あるいは記録された文に対する生徒の理解度を判断し、また、ますます拡張する語彙や多様な種類の文を理解する能力を探し出し、刺激する必要がある。

6) 産出能力と受容能力のなかで、口頭能力および書記能力を育成する。口頭言語との比較を通して書記言語に内在する表現にはさまざまなニーズがあることを理解させ、同じ相手に向けて同じテーマを、口頭表現から書記表現に移行しなければならないような場面を創出すべきである。

7) 口頭および書記での受容能力と産出能力について、より地域性が際立ち、親しげで、直接的で、インフォーマルな言語表現から、より広く使用され、思慮深く、かつ熟考されたフォーマルな言語表現へ移行できる能力を育成し、促進する必要がある。

8) 上記の規則に従うと、最新の技術と科学の分野で発展してきた、さまざまな特別な言語使用や、ある領域の共通言語（法律用語、文学的言語、詩的言語など）に関わる使用法にも出くわす。

9) さまざまな言語能力の全体的枠組みのなかで、学校の最初の体験から、生徒が既に所有している口語のことばに内在する能力、つまり自己認識や自己表明、また自己分析の能力を開発することがとりわけ必要である。このような配慮や開発は小学校の入学段階から始め、言語行動で話す際に特に用いられる語彙を徐々に豊かに増やし、中等教育では幅広くイタリアで知られ、またイタリアの学校で教えられているさまざまな個別言語を常に参照しながら、周囲の言語事実や、言語や方言の機能、口語の機能、言語の歴史的形成などを学ぶ。

10) いかなる場合も、またいかなるやり方でも、ある言語形式を知っているか知らないかにかかわらず、それぞれの種類の言語の機能性をめぐる感覚を磨く必要がある。古い言語教育は模倣にもとづくもので、規範的で、かつ排他的だった。その教育では、「常にこのようにだけ言わなければならない。他は誤りだ」と言われていた。一方、新しい（より努力を要する）言語教育は次のように告げる。「こうも言えるし、そうも言える。そして、間違いや奇妙に思えるようなこれも言うことができる。これも、これも、そしてこれも言っていい」と。かつての言語教育は独裁的だった。一方、新しい言語教育は全く無秩序というわけではなく、基本的な法則と方針を持っている。そしてその方針は、実際に直面している対話者に応じて、話す文、または書く文を使うという**コミュニケーションの機能**にもとづいている。またこれは、より使用領域の限られた地元の言語や、あるいはより広く普及している言語を、同時に、平等に、また適切に尊重することを意味する。

IX．教師に向けた新しいカリキュラムのために

　新しい言語教育はたやすくできるものではない。それはかつての言語教育よりもはるかに生徒と教師の注意力と知識を必要とする。かつての言語教育では特に、特定の規範や固定化した規則を繰り返し模倣する能力にばかり注意を傾けており、規範（正書法、子供の頃から使用する文法書の規則）と多くの（常に気取った）優れたセンスを組み合わせる知識があればそれで十分だった。一方、民主的言語教育は紛れもなく、言語と教育に関する質的かつ量的な知識を必要とする。それゆえ将来、教師養成は民主的社会のニーズに適した大学や大学院のカリキュラムのなかで行われ、未来の教師にはこれまでは専門家のためと考えられ、切り離されてきた能力を取得することが求められる。今こそ（理論、社会学、心理学、歴史学にもとづく）ことばの能力や言語能力と、教育の進め方や教授の技術に関する能力を統合する必要がある。そしてここでの最終目標は、教師に学校生活のニーズやそれに対応する手段に関して批判的かつ創造的な意識を与えることである。

X．結論

　教師が言語科学の知識の質や量を増やすには、言語および教育の養成ができ、情報を適切に与える地域や州のセンターを組織し、教育省によって行われてきた大学院教育での誤りを、イデオロギー面において、また細部においても修正し、（もし要求できるのならば）言語科学の教育について大学の制度の欠陥や不足、計画性のなさ、偏りをも正していくべきである。つまり、我々は行政および市民生活に関わる問題、あるいは政治問題に直面している。

　私たちが概観した一連の問題や解決策、提案をどのように検討しようとも、最終的にはこの言説を国家予算や教育予算のさまざまな策定や、社会生活全体のさまざまな方向性へと議論を結び付けなければならない。長い間にわたり、グラムシの次の言説の正しさが検証されてきた。

　「言語問題が何らかの形で発生することは、そのたびに一連の他の問題が浮上していることを意味する。そこでは支配集団と国民大衆の間で、より親密で確実な関係を確立する必要がある。」

　したがって、これら〔10 のテーゼ〕の分析と提案は、民主的な目的に従って学校を管理し、「ヘゲモニーを再編成し」、「支配集団と国民大衆の間で、より親密で確実な関係を確立する」ことに関わる社会的勢力が成熟した[7]場合にのみ意義を持つ。

　　　　　　（GISCEL, 1977; 1-2/ 筆者訳 / 太字はママ /〔　〕は筆者による補筆）

7　訳注：原文（GISCEL, 1977）では naturate とあるが、maturate の誤植。

参考文献

有馬道子 (2014)『改訂版 パースの思想—記号論と認知言語学』岩波書店.

ヴァンドルシュカ, M. (1974)『言語間言語学 ヨーロッパ六か国の比較』(福田幸夫訳) 白水社.

ウィトゲンシュタイン, L. (2003)『論理哲学論考』(野矢茂樹訳) 岩波文庫.

ウィトゲンシュタイン, L. (1976)『哲学探究』(藤本隆志訳) 大修館書店.

ウィトゲンシュタイン, L. (1997)『『哲学的探究』読解』(黒崎宏訳・解説) 産業図書.

大山万容 (2016)『言語への目覚め活動』くろしお出版.

糟谷啓介 (1985)「16 世紀イタリアの＜言語問題＞」『一橋研究』、10 巻 3 号, 19–35.

糟谷啓介 (1987)「言語とヘゲモニー」『一橋論叢』、98 巻 4 号, 63–80.

グラムシ, A. (1986)『グラムシ選集 1』(山崎功監修) 合同出版.

黒沢惟昭 (2007)『現代に生きるグラムシ—市民的ヘゲモニーの思想と現実—』大月書店.

鈴木敏正 (1998)「文化的ヘゲモニーと社会教育制度：グラムシへの一つの接近」『北海道大學教育學部紀要』76, 1–26.

鈴木真由美 (2010)「パゾリーニと現代イタリア語の問題：「新しい言語問題」(『異端経験論』)を中心に」『言語・地域文化研究』第 16 号, 東京外国語大学大学院, 1–13.

高橋利安 (訳) (2018)「イタリア共和国」『世界の憲法集 (第五版)』(畑博行, 小森田秋夫編) 有信堂.

デ・マウロ, T. (1976)『「ソシュール一般言語学講義」校注』(山内貴美夫訳) 而立書房.

デ・マウロ, T. (1977)『意味論序説』朝日現代叢書.

デュルケム, E. (2010)『道徳教育論』(麻生誠・山村健訳) 講談社.

デューイ, J. (1975)『民主主義と教育 (上)』(松野安男訳) 岩波書店.

ゲルナー, A. (2000)『民族のナショナリズム』(加藤節監訳) 岩波書店.

西島順子 (2023)「イタリアの言語教育政策に見る plurilinguismo と複言語主義—イタリア人生徒と外国人生徒の教育政策の比較から—」『複言語教育の探求と実践』(西山教行・大山万容編) くろしお出版, 81–103.

西山教行 (2010)「複言語、複文化主義の形成と展開」『複言語・複文化主義とは何か—ヨーロッパの理念・状況から日本における受容・文脈化へ』(細川英雄・西山教行編) くろしお出版, 22–34.

パウル, H. (1993)『言語史原理』(福本喜之助訳) 講談社.

バッジオーニ, D (2006)『ヨーロッパの言語と国民』(今井勉訳) 筑摩書房.

プリバー, E. (1957)『エスペラントの歴史』(大島義夫・朝比賀昇訳) 理論社.

文部省教育調査部 (1940)『イタリアの新「學校憲章」—學科と操練と勤勞との三位一體』(復刻版 1981 年) 文部省教育調査部.

米盛裕二（1981）『パースの記号学』勁草書房.

Ainis, M. (2010). "Politica e legislazione linguistica nell'Italia repubblicana", *Diritto pubblico, 2010, 1–2*, gennaio-agosto, 175–193.

Ascoli, G. I. (1873). *Scritti sulla questione della lingua*, Corrado G. (ed.), 2008, Torino, Einaudi.

Asor Rosa, A. (2018). "Amico e maestro", in Gensini S., Piemontese E.M., Solimine G. *Tullio De Mauro: Un intellettuale italiano*, Roma, Sapienza Università Editrice, 17–27.

Avelle, D. S. (1964). "Cardo Maria Maggi. —*Il Teatro Milanese*, a cura di Dante Isella.—", *Giornale Storico della Letteratura Italiana, 141*, 451–457.

Baker, C. (2011). *Foundation of Bilingual Education and Bilingualism*, Bristol, Multilingual Matters.

Balboni, P. E. (2009). *Storia dell'educazione linguistica in Italia*, Torino, UTET.

Battaglia, S. (1986). *Grande dizionario della lingua italiana*, Torino, UTET.

Benincà, P. (1977). "Dialetto e scuola: un rapporto difficile", in GISCEL, *L'educazione linguistica: atti della giornata di studio GISCEL: Padova, 17 settembre 1975*, Padova, CLEUP, 35–41.

Berretta, M. (1977). *Linguistica ed educazione linguistica*, Torino, Einaudi.

Bruni F. (1983). "Italiano comune e italiano regionale nella scuola. Riflessioni in forma di lettera al comitato editoriale RID", *Rivista Italiana di Dialettologia, 5–6 (1981–1982), 2*, 319–326.

Byram, M. (2008). *From foreign language education to education for intercultural citizenship: essays and reflections*, Clevedon, Multilingual Matters.［バイラム，M (2015)『相互文化的能力を育む外国語教育 グローバル時代の市民性形成をめざして』（細川英雄監修）大修館書店］.

Camilucci, M. (1959). "Roma e il "Pasticciaccio" di C. E. Gadda", *Studi Romani, 7*, 315–319.

Camilucci, M. (1960). "Roma nei prosatori contemporanei", *Studi Romani, 8*, 34–51.

Candelier, M. (ed.) (2004). *Janua linguarum: the gateway to languages: the introduction of language awareness into the curriculum: awakening to languages*, Strasbourg, Council of Europe.

Carlucci, A. (2005). "Molteplicità culturale e processi di unificazione. Dialetto, monolinguismo e plurilinguismo nella biografia e negli scritti di Antonio Gramsci", *Rivista italiana di dialettologia, 29*, 59–110.

Castellani, A. (1982). "Quanti erano gl'italofoni nel 1861", *Studi di linguistica italiana, 8*, 3–26.

Contini, G. (1951). "Preliminari sulla lingua del Petrarca", *Paragone Letteratura, 2, 1951*, 3–26.

Corrà L. (1983). "Dialetto e scuola oggi", *Rivista italiana di dialettologia, 5–6 (1981–1982)*,

1, 99 –111.

Cortelazzo, M. A.（1983）. "Dall'abate Cesari e Tullio De Mauro. Il dialetto nei libri per le scuole venete", *Guida ai dialetti veneti*, *5*, 85 –122.

Cortelazzo, M. A.（1986）. "Dialetto e scuola: un bilancio", *Rivista italiana di dialettologia*, *10*, 239 –254.

Cortelazzo, M. A.（2000）. *Italiano d'oggi*, Padova, Esedra.

Costanzo, E.（2003）. *Language education (educazione linguistica) in Italy: An Experience that could Benefit Europe?*, Strasbourg, Council of Europe.

Coste, D., Moore, D. & Zarate G.（1997）. *Competence plurilingue et pluriculturelle: Vers un Cadre Européen Commun de référence pour l'enseignement et l'apprentissage des langues vivantes: études préparatoires*, Strasburgo, Conseil de l'Europe.

Council of Europe（2001）. *Common European Framework of Reference for Languages: Learning, teaching, assessments*, Cambridge, Cambridge University Press.［吉島茂・大橋理枝訳・編（2004）.『外国語の学習、教授、評価のためのヨーロッパ共通参照枠』朝日出版社.］

Council of Europe（2007）. *From linguistic diversity to plurilingual education: Guide for the Development of Language Education Policies in Europe, Language Policy Division*, Strasbourg, Council of Europe.［山本冴里訳（2016）『言語の多様性から複言語教育へ—ヨーロッパ言語教育政策策定ガイド—』くろしお出版］.

Cummins, J. & Swain, M.（1986）. *Bilingualism in Education: Aspects of theory, research and practice*, London & New York, Longman.

Curci, A. M.（2005）. "Educazione linguistica come educazione plurilingue", *DAF-Werkstatt*, *6*, 59–70.

De Amicis, E.（1921）. *L'idioma gentile*, 1905, LI edizione, Milano, Fratelli Treves.

De Luca, C.（1979）. "Nuovi programmi per la scuola media Programmazione e tecniche didattiche nell'insegnamento dell'italiano", *Lingua e nuova didattica, luglio - settembre 1979, anno VIII, 4–5*, 6–18.

De Luca, C.（1980）. "I commenti ai nuovi programmi di educazione linguistica nelle Scuole Medie", *Lingua e nuova didattica, marzo 1980, anno IX, 2*, 28–34.

De Mauro, T.（1963）. *Storia linguistica dell'Italia unita*, Bari, Laterza.

De Mauro, T.（1965a）. "La scuola tra lingua e dialetto", *Scuola e linguaggio,* 1981, Ⅲ edizione, Roma, Riuniti, 11–26.

De Mauro, T.（1965b）. *Introduzione alla semantica*, Bari, Laterza.

De Mauro, T.（1967）. *Corso di linguistica generale/ Ferdinand de Sassure; introduzione, traduzione e commento*, Bari, Laterza.

De Mauro, T.（1973）. "L'Italia multilingue" *Le parole e i fatti*, 1977, Roma, Riuniti. 269 –272.

De Mauro, T.（1975a）. "Per una educazione linguistica democratica", *Scuola e linguaggio*, 1981, Ⅲ edizione, Roma, Riuniti, 88–123.

De Mauro, T. (1975b). "Il plurilinguismo nella società e nella scuola italiana", *Scuola e linguaggio*, 1981, III edizione, Roma, Riuniti, 124–137.

De Mauro, T. (ed.) (1975c). *Parlare in Italia, Biblioteca di lavoro*, *38*, Firenze, Manzuoli.

De Mauro, T. (1977). *Le parole e i fatti*, Roma, Riuniti.

De Mauro, T. (1978). *Linguaggio e società nell'Italia d'oggi*, Torino, ERI.

De Mauro, T. (1980). *Guida all'uso delle parole*, Roma, Riuniti.

De Mauro, T. (1983a). *Sette lezioni sul linguaggio*, Milano, Franco Angeli.

De Mauro, T. (1983b). "Nota introduttiva", in Gensini, S. & Vedovelli, M. (ed.) 1983, *Teoria e Pratica del glotto-kit; Una carta d'identità per l'educazione linguistica*, Milano, Franco angeli, 11–15.

De Mauro, T. (1983c). "Per una nuova alfabetizzazione", in Gensini, S. & Vedovelli, M. (ed.), 1983, *Teoria e Pratica del glotto-kit; Una carta d'identità per l'educazione linguistica*, Milano, Franco angeli, 19–29.

De Mauro, T. (1999). *Grande dizionario italiano dell'uso*, Torino, UTET.

De Mauro, T. (2003). "Il plurilinguismo come tratto costitutivo dell'identià italiana ed europa", *Synergies – Italie, 1*, 19–25.

De Mauro, T. (2004). *La cultura degli italiani*, Roma-Bari, Laterza.

De Mauro, T. (2006). *Parole di giorni lontani*, Bologna, il Mulino.

De Mauro, T. (2007). "Le Dieci tesi nel loro contesto storico: linguistica, pedagogia e politica tra gli anni Sessanta e Settanta", GISCEL (ed.) *Educazione linguistica democratica; A trent'anni delle Dieci tesi*, Milano, Franco Angeli, 42–55.

De Mauro, T. (2014). *Storia linguistica dell'Italia repubblicana: dal 1945 ai nostri giorni*, Bari, Laterza.

De Mauro, T. & Lodi, M. (1979). *Lingua e dialetti*, Roma, Riuniti.

Denison, N. (1969). "Sociolinguistic aspects of plurilingualism", *Giornate internazionali di sociolinguistica: Secondo congresso internazionale di scienze sociali dell'Istituto Luigi Sturzo*, Roma, Palazzo Baldassini, 255–297.

Deon, V. (1981). "Alla ricerca del dialetto: Note su alcune esperienze scolastiche", *Guida ai dialetti veneti, 3.* 233–246.

Ferreri, S. & Guerriero, A. R. (1998). *Educazione linguistica vent'anni dopo e oltre: che cosa ne pensano De Mauro, Renzi, Simone, Sobrero*, Scandicci (Firenze), Nuova Italia.

Folena, G. (1958). "L'esperienza linguistica di Carlo Goldoni", *Lettere Italiane, 10*, 21–54.

Foscolo, U. (1939). *Prose letterarie/ volume quarto*, Firenze, Felice Le Monnier.

Gaudio, E. (2018). "Prefazione" in Gensini S., Piemontese E.M., Solimine G. *Tullio De Mauro: Un intellettuale italiano*, Roma, Sapienza Università Editrice: XI–XIV.

Gensini, S. (2005). *Breve storia dell'educazione linguistica dall'unità a oggi*, Roma, Carocci.

Gensini, S., Piemontese, E. M. & Solimine, G. (eds.) (2018). *"Biografia", Tullio De Mauro: Un intellettuale italiano*. Roma, Sapienza Università Editrice, 3–13.

Gensini, S. & Vedovelli, M. (ed.) (1983). *Teoria e Pratica del glotto-kit; Una carta d'identità per l'educazione linguistica*, Milano, Franco angeli.

GISCEL (1977). *L'educazione linguistica: atti della giornata di studio GISCEL: Padova, 17 settembre 1975*, Padova, CLEUP.

ISTAT (1958). *Sommario di statistiche storiche italiane 1861–1955*, Roma, ISTAT.

Klein, G. (1986). *La politica linguistica del fascismo*, Bologna, il Mulino.

Lo Duca, M. G. (2013). *Lingua italiana ed educazione linguistica*, Roma, Carocci.

Lombardo Radice, G. (1934). *Lezioni di didattica e ricordi di esperienza Magistrale*, Palermo, R. Sandron.

Marazzini, C. (1984). *Piemonte e Italia. Storia di un confronto linguistico*, Torino, Centro Studi Piemontesi.

Martinet A. (1952). "Introductory Remarks", *Proceedings of the seventh international congress of linguists London, 1-6 Settember 1952*, London, C.I.P.L., 439–441.

Medici, G. (1959). *Introduzione al piano di sviluppo della scuola*, Roma, Istituto Poligrafico dello Stato P. V.

Mengaldo, P. V. (1963). "Alfonso Traina. *—Saggio sul latino del Pascoli.—*", *Giornale Storico della Letteratura Italiana*, *140*, 254–267.

Mengaldo, P. V. (1965). "Mario Baratto *—Tre studi sul teatro (Ruzante - Aretino - Goldoni)—*", *Giornale Storico della Letteratura Italiana*, *142*, 111–117.

Mengaldo, P. V. (1994). *Storia della lingua italiana; Il Novecento*, Bologna, Il Mulino.

Migliorini, B. (2016). *Storia della lingua italiana*, (I edizione nel 1960), Milano, Bompiani.

Milani, L. (2004). *Esperienze pastorali*, Firenze, Fiorentina.

Minori, A. M. (1977). "Sociolinguistica, apprendimento della lingua madre e lingua standard", in Renzi L. & Cortelazzo M. A. (ed.), 1977, *La lingua italiana oggi: un problema scolastico e sociale*, Bologna, il Mulino, 75–91.

MIUR (2012). *Indicazioni nazionali per il curricolo della scuola dell'infanzia e del primo ciclo d'istruzione*.

Orioles, V. (2006). *Percorsi di parole*, Roma, il Calamo.

Pasolini, P. P. (1954). "Gadda: Le novelle dal Ducato in fiamme", *Passione e ideologia*, 1985, Torino, Einaudi, 274–278.

Pasolini, P. P. (1964). "Nuove questioni linguistiche" *Saggi sulla letteratura e sull'arte*, 1999, Milano, Mondadori, 1245–1275.

Pasolini, P. P. (1965). "Dal laboratorio (Appunti en poète per una linguistica marxista)" *Saggi sulla letteratura e sull'arte*, 1999, Milano, Mondadori, 1307–1342.

Pianezzola, E. (1965). "Gli aggettivi verbali in - *Bundus* nei *Carmina* del Pascoli" *Lettere Italiane*, *17*, 209–219.

Pisani, V. (1962). "Recensione di A. W. Weiss: Hauplprobleme der Zweisprachigkeit e W. T. Elwert: Das zweisprachige Individuum", *Paideia*, *17*, 279–286.

Pizzoli, L. (2018). *La politica linguistica in Italia*, Roma, Carocci.

Pizzorusso, A. (1963). "Lingue (Uso delle)", *Novissimo Digesto Italiano*, *9*, Torino, UTET, 934–946.

Raimondi, E. (1962). "Rito e Storia nel canto I del Purgatorio", *Lettere Italiane*, *14*, 129–150.

Roncaglia, A. (1962). "Bilinguismo esterno e plurilinguismo intero nelle *Glosse di Kassel*", *Atti dell'VIII congresso internazionale di studi romanzi (Firenze, 3–8 aprile 1956)*, *1*, Firenze, Sansoni, 347–358.

Rossi, F. (1984). "Lingua, dialetto, cultura: un'esperienza didattica in un istituto magistrale ravennate", *Rivista Italiana di Dialettologia*, *8*, 129–143.

Santucci, F. (1983). "Uso del dialetto nella scuola dell'obbligo", *Rivista Italiana di Dialettologia*, *7*, 181–188.

Scuola Barbiana (1967). *Lettera a una professoressa*, Firenze, Fiorentina.〔バルビアナ学校（1979）『イタリアの学校変革論—落第生から女教師への手紙』（田辺敬子訳）明治図書〕.

Simone R. (1973). *Libro d'italiano*, Firenze, La nuova Italia.

Talamo, G. (1960). *La scuola della legge Casati all'inchiesta del 1864*, Milano, Giuffrè.

Tempesta, I. (2008). "Lingua e scuola in Italia oggi. A proposito di Educazione linguistica democratica. A trent'anni delle Dieci tesi." *Italica*, *85*, Issue 1, 63–75.

Trim, J. (1997). *Language Learning for European Citizenship: Final Report of the Project*, Strasbourg, Council of Europe.

van Ek, J. A. (1975). *Systems development in adult language learning: the threshold level in a European unit-credit system for modern language learning by adults*, Strasbourg, Council of Europe.

Voza, P. (2015). "Il Gramsci di Pasolini" *Lo sguardo, 2015(III)*, *19*, 243–254.

索　引

著者

西島 順子（にしじま よりこ）

立命館大学大学院言語教育情報研究科修士課程修了、京都大学大学院人間・環境学研究科博士課程修了。博士（人間・環境学）。専門は外国語教育、日本語教育、言語政策。同志社大学、同志社女子大学嘱託講師などを経て、現在、大分大学教育マネジメント機構 国際教育推進センター講師。

著書に『複言語教育の探究と実践』（共著：第5章「イタリアの言語教育政策に見る pluringuismo と複言語主義─イタリア人生徒と外国人生徒の教育政策の比較から─」くろしお出版, 2023）、論文に「近代イタリアにおける言語状況と言語政策の展開：トゥッリオ・デ・マウロの民主的言語教育の創出まで」『日伊文化研究』58（2020）など。2023年に第24回日本言語政策学会研究大会発表賞受賞。

トゥッリオ・デ・マウロの民主的言語教育
─イタリアにおける複言語主義の萌芽─

初版第1刷───2024年 2月 9日

著　者────西島 順子
（にしじま よりこ）

発行人────岡野秀夫
発行所────株式会社くろしお出版

〒102-0084　東京都千代田区二番町4-3
［電話］03-6261-2867　［WEB］www.9640.jp

印刷・製本　シナノ書籍印刷　　装　丁　仁井谷伴子

©NISHIJIMA Yoriko, 2024
Printed in Japan
ISBN 978-4-87424-964-2 C3037